新しい働き方

MODERN WORK-STYLE
reinventing productivity

幸せと成果を両立する
「モダンワークスタイル」のすすめ

越川慎司
Shinji Koshikawa

講談社

新しい
MODERN WORK-STYLE
reinventing productivity
働き方

幸せと成果を両立する
「モダンワークスタイル」のすすめ

目次

SESSION-1
間違いだらけの「働き方改革」

SESSION-2
マイクロソフトが目指す「ワークスタイル変革」

SESSION-3
より大きな成果をあげる「アチーブモア」な働き方

SESSION-6 モダンワークスタイルが開く未来

新しい働き方

MODERN WORK-STYLE
reinventing productivity

幸せと成果を両立する
「モダンワークスタイル」のすすめ

SESSION-1

間違いだらけの「働き方改革」

「働き方改革」を目指したら失敗する

いま日本では、空前の「働き方改革」ブームともいえる状況が起きています。官公庁から大手企業まで、「働き方改革」なるものを実行すれば、まるでその先にバラ色の未来が待っているかのような風潮です。

私が入社した日本マイクロソフトは、新聞や雑誌などで報道されているように、２０１１年2月の品川への本社オフィスの集約移転を機に、「ワークスタイル変革」を実行し、テレワークを導入するなどして、いち早く〝新しい働き方〟を実現しました。テレワークとは、英語の「tele（離れたところで）」「work（働く）」を組み合わせた造語で、ＩＣＴ（情報通信技術）を活用し、在宅勤務やサテライトオフィスワークなど時間や場所を問わずに働くことを可能にした、新しい働き方のスタイルの総称です。

その結果、日本マイクロソフトでは、ワークライフバランス満足度は40％向上し、事業生産性26％アップ、女性の離職率は40％減り、紙の書類が49％削減されるなどの成果をあげました。そうしたことから、いま非常に注目を集めています。国内のさまざまな事業者が、品川にあるオフィスにその実情を見学に訪れるようになりました。その数、この5年間で実に80万人。私も、さまざまなお客さまを「オフィスツアー」としてご案内してきました。また、求められて、「働き方改革」をテーマにしたセミナーや講演に毎月呼ばれるようにもなりました。

日本の企業が一斉に「働き方改革」に向けて動き出している。そのムーブメントはますます強まる一方です。

しかし、新卒で日本の古い体質の大手通信会社に就職し、その後、外資系通信会社に転職、独立起業、米マイクロソフトに入社、そして現在の日本マイクロソフトへと移り、国内外のいろいろな「働き方」を見てきた立場から、私はあえて言いたいと思います。

「働き方改革」を目指さないでください。

「働き方改革」vs.「ワークスタイル変革」

この間、私は「働き方改革」をうたう多くの日本企業の活動も見てきました。けれども、「働き方改革」を〝目的〟にしている企業の多くが、残念ながら成功していません。かえって社内にさまざまな軋轢《あつれき》が生じ、望んでいたのとは違う結果になっている例は、いくらでも挙げることができます。

「働き方改革」自体を目的にすると、育児・介護休業制度の充実や在宅勤務制度の整備などの仕組みづくりに終始し、また、それら制度の適用範囲が狭く、実際にはなかなか取得しづらいという精神的な壁もあって、結果として制度を利用する人が限定されてしまいます。

たしかに、今後の生産年齢人口の減少を考えると、育児や介護などをしていたり、その会社から離れて暮らしていたりと、これまでは働きたくても働けなかった層にも参画してもらって、労働力を確保（維持）することが必要です。そのために、社内制度を整えることも大切です。ただそれは、日本の、日本企業の労働総量の低下を緩和《かんわ》させることが目的であって、個人や企業の生産性を高めるものではありません。

この部分に、日本における制度ありきの「働き方改革」の大きな勘違いがあります。

いま、本当に求められているのは、〝労働量の維持〟だけではありません。効率的にアウトプットを出す働き方、つまり〝働き方の質の改善〟です。

英語に、「アチーブモア（achieve more）」という表現があります。「いまよりももっと」「より多くのことをできるように」といった意味合いが込められたフレーズですが、「働き方改革」の実施に際しては、この「アチーブモア」を目指したものであるか否かが非常に重要なポイントになるといえます。

労働力を維持し、誰もが働きやすい環境を整えようというアプローチの「働き方改革」は、誤解を恐れずにいえば、福利厚生的発想による労働環境整備にすぎません。いま目指すべきは、時間・場所・個人の事情やハンディキャップを問わず、それぞれが持てる能力をそれぞれに最大限発揮《はっき》できる環境を企業が用意し、その中で一人ひとりが「アチーブモア」を実現する、すなわち、より成果をあげ活躍する。

これが本当の「働き方改革」です。

たとえば子育て中であったり、要介護の親を抱えていたりすれば、どんなに優秀な人材でも、その能力を１００％発揮することはできません。しかし、テレワークなどの柔軟性の高い勤務形態、それを容認する企業文化、「いつでもどこでも」働くことを実現する安全なクラウドサービス、チームワークを加速するＩＴツールなどがあれば、それまで障害になっていたものの多くを解消することができます。障害がなくなれば、能力がある人材は、能力の１００％を発揮できるようになるどころか、前より環境がよくなったことで１２０％、１３０％の成果をあげることも可能になります。

「福利厚生的な働き方改革」と「アチーブモアのワークスタイル変革」――両者は似たものに感じられるかもしれませんが、実際に運用してみるとまったく違います。

私が本項の冒頭で、「働き方改革」を目的とする企業は失敗する、といったのは、多くの企業が、前者の福利厚生的な労働環境整備の発想から抜けきれていないからです。独身の若手正社員の労働量を100として、子育て中や介護中で70、60となってしまったものを、せいぜい90にして、差がない労働力になってもらおうというものでしかありません。

この「福利厚生的な働き方改革」の場合、導入以前より明らかに目立った成果をあげられないのであれば、

「これって意味があるの?」

という疑問が当然出てきます。目に見える結果がないと、

「いままでと同じやり方でいいじゃないか。なんで自分たちが変わらないといけないのか」

という異論も出てきます。利用する人は肩身の狭い思いをするようになり、結局は制度そのものが形骸化《けいがいか》してしまいます。

いま本書を読んでくださっているみなさんの会社は、大丈夫ですか?

短命化する企業

結論からいえば、同じ労働時間でより多くの結果を出す、「アチーブモア」の働き方を全社員が追求すべきなのです。これが企業の目指すべき「もうかる働き方」であり、社員の目指すべき「より多くのことが実現できて働きがいを持つ」「働いて幸せを感じる」ための唯一の方法です。

この考えを経営者や社員一人ひとりが持てるかどうか、それが意識や行動を大きく変え、グローバル経済の中でも勝ち抜くことができるようになるかどうかを左右します。

残念ながら、いまや昭和時代の日本企業のように、実直に長時間労働をしていても世界の競争に取り残されるだけです。長時間働いていれば同情され、仕事量と評価が比例し、年齢を重ねれば給与も役職も上がっていくような時代はとっくに終わっています。

日本の高齢化はよりいっそう進み、内需はさらに縮小していくでしょう。

加えて、インターネットを通じて市場のグローバル化や変化の加速は止まりません。

「このまま働いていて大丈夫だろうか」

「この残業はいつまで続くのだろうか」

そんな不安を感じている人は大勢いるはずです。

日本の大手電機メーカーが台湾の企業に買収されるなど、日本の国際競争力が相対的に低下していることを実感します。

こうした環境の中、日本企業の存続・発展は絶対的なものではなくなっています。それどころか、世界中で企業の寿命が大幅に短くなっており、日本企業もその例に漏れません。

アメリカの起業家で世界有数の経済誌「フォーブス」発行人であるリッチ・カールガードは、著書『グレートカンパニー――優れた経営者が数字よりも大切にしている5つの条件』(ダイヤモンド社)の中で、アメリカの信用格付会社スタンダード・アンド・プアーズ500社の平均寿命がかつては50年以上だったのが25年以下となった事実を指摘し、四半世紀の間に主要企業として生き残れるのは、そのうちの3分の1にすぎなくなる、と予想しています。

近年の日本でも同じ傾向が確認できます。2011年版『中小企業白書』で、1980年から2009年に創設された企業のうち、10年後には3割、20年後には約5割が撤退するという厳しい状況を指摘しています(左図参照)。

日本では、かつてあった財閥が戦後に解体されたものの、その流れを汲む企業グループがい

企業の生存率

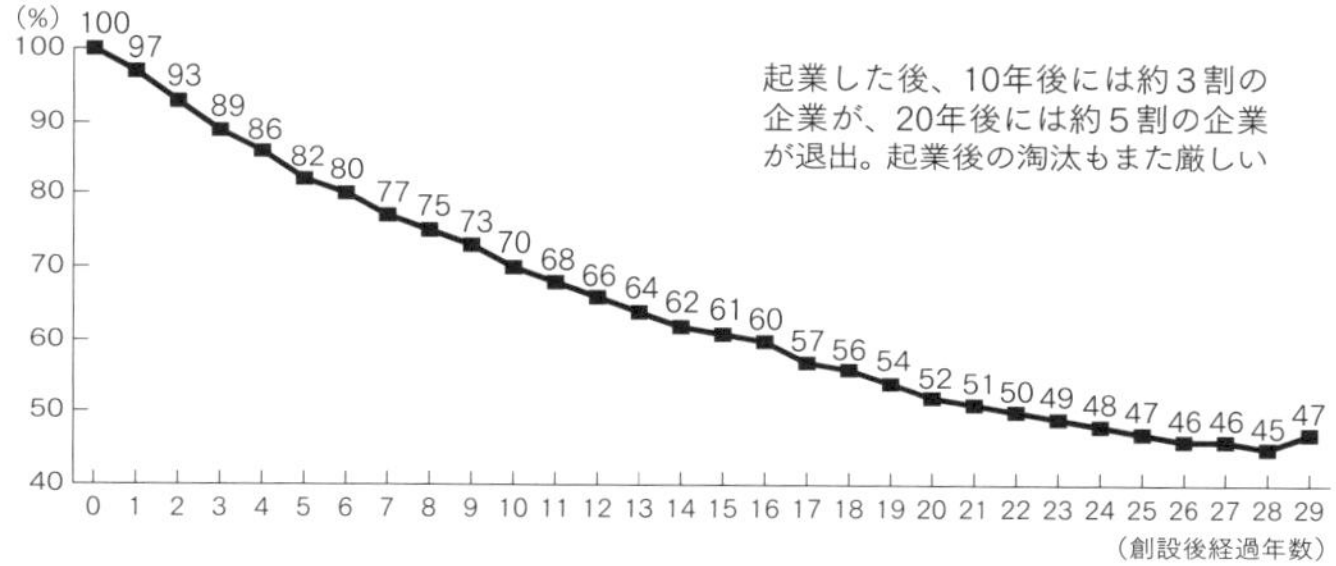

資料：（株）帝国データバンク「COSMOS2企業概要ファイル」再編加工
（注）1. 創設時からデータベースに企業情報が収録されている企業のみで集計。
2. 1980〜2009年に創設した企業の経過年数別生存率の平均値を取った。
3. 起業後、企業情報がファイルに収録されるまでに一定の時間を要し、創設後ファイルに収録されるまでに退出した企業が存在するため、実際の生存率よりも高めに算出されている可能性がある。

『中小企業白書2011年版』第３部「経済成長を実現する中小企業」より
http://www.chusho.meti.go.jp/pamflet/hakusyo/h23/h23_1/Hakusyo_part3_chap1_web.pdf

まなお大きな影響力を持っています。結果、そうした企業グループに属する大企業が相対的に有利で安定している傾向にあるといわれています。

「会社四季報オンライン」で、「栄枯盛衰がくっきりの時価総額ランキング」（２０１６年１月４日）という興味深い比較ランキングが紹介されていました。

この記事では、そうした旧財閥の流れを汲む企業グループの大企業であったとしても決して安泰なものではなく、時間の経過とともに大きな変動が起きていることを明らかにしています。

リーマンショック後の最安値（終値ベース）をつけた２００９年と、同じく最高値をつけた２０１５年の上場企業の株式の時価総額ランキングを比べると、トップ企業20社のうち7社、実に35％の企業が入れ替わり、10年、20年といった短いスパンで企業寿命が３分の1になってしまうほど、変化が激しくなっていることがわかります。

具体的には、２００９年、２０１５年共にトップはトヨタ自動車。しかし、6位任天堂、7位東京電力は一気に20位以下に。スマートフォン（スマホ）というライバルがここまで大きくなったり、大地震とそれに伴う原発事故という問題が発生したりするなど、誰が予見できたでしょうか。９位だったパナソニックも20位以下に。家電メーカーの苦境を感じます。

それに対し、２００９年には20位までに入っていなかった企業では、ソフトバンクが9位、日産自動車が13位、デンソーが14位、ファナックが20位に。電気通信事業を中心に多角的なビジネスを展開する企業、ルノーの傘下に入り日本のいち自動車メーカーから脱却した企業、自動車部品のメガサプライヤー、電気機器メーカーと、時代の流れを感じさせる企業がトップ20入りを果たしています。

経営環境の変化に対応できる／できないが、企業の生命力を左右しているといってもいいでしょう。

少なくとも、大企業であったとしても、永続的に存在するなどとは決していえない時代であることは明白です。

日本の三大ユニーク雇用制度の終焉

競争力強化の源泉となるイノベーションは研究所だけでなく、現場で起きています。市場の変化が速く、顧客の需要が多様化している中で、いかにニーズを拾い上げ、ニーズに合った商品・サービスをすぐに市場に投入して競合優位性を得られるかが重要になっているといえます。

他社に先がけて特異なものを素早く市場に展開していかないと、大企業でも成長はできないのです。しかもその競争は、国内をマーケットとしている企業であったとしても、グローバルに各国企業との間で行われる競争になっています。

インターネットとスマホさえあれば、世界を制することができるという事実は、たとえばベンチャー企業のナイアンティックが「ポケモンGO」を世界に浸透させた事例ひとつを見ても明らかです。

世界との競争を意識し、スピード感を持って、お客さま対応現場の情報やニーズを素早く吸い上げ、それをすぐに商品化できた企業が勝ち残る。これが現在の「勝ちパターン」だといえます。

スピードアップのためには無駄な部分を極力なくし、ショートカットでゴールに到達する効率的な方法を実現しなければなりません。そして、市場投入で失敗があれば、その反省を即座に次に生かします。

そうした激しい競争が繰り広げられている中で、「社に持ち帰って検討します」などと、現場から管理職、管理職から役員へと呑気《のんき》に稟議《りんぎ》を上げているようでは、競争の舞台に上がることすらできないでしょう。

世界基準のスピード感を実現するには、とくに大企業では組織を超えた連携がきわめて重要です。企業文化を変えることも必要になるでしょう。労働者個人としては、与えられた業務をこなすことを目的にするのではなく、その先のアウトプットなり、インパクトをどう残すかを考え、かつ、その実現のためのショートカットを常に意識することが必要です。

そして、解決すべき課題も、求められるスピードやアウトプットも、日々増大しています。個々人の作業を効率化するだけでは対処できず、より多くの人を巻き込み、複数名が同時並行で処理を進めねばならなくなります。かつての日本企業にはよく見られた、「メール、見ていますか?」というメールを送って、相手の反応を待っているような余裕はありません。時間と場所の壁を超えて、同じ意識の下で協働しなくてはいけないのです。

そういった際に、ＩＴツールは役立ちます。

欧米の先進企業は率先して最新のＩＴツールを駆使《くし》し、無駄のないコラボレーションを実現して、ビジネスを成長させています。本書で紹介するように、統合型情報共有クラウドサービスの「Office 365」、その一部であるオンライン会議用の「Skype for Business」、組織がどのような業務にどれくらい時間を費やしているか、どのような組織／人が連携しているかを分析し、可視化できる「MyAnalytics」といったサービスをマイクロソフトが提供するのは、このビジネス環境下で勝ち残るために、より速く、より効率的に、より多くの成果を残してもらうことを目指しているからです。

日本人がいま見つめるべきは、休暇の取得率が高く、相対的に労働時間が少ない欧米諸国の多くが日本よりも就労人口一人当たりのＧＤＰ（国内総生産）や労働生産性が高い、という事実です。「手を抜いている」「たまたま特定のビジネスがうまくいっただけ」と負け惜しみを言っていていい状況ではありません。

長年かけて研究開発し、豊富な機能と高品質をアピールして、世界の競合他社を凌駕《りょうが》していた日本企業の古き良き時代とは異なるのが、「いま」という時代です。

戦後、日本企業の従業員は、「終身雇用制度」「年功序列制度」「企業内組合」という「三大ユニーク雇用制度」により、安定した雇用と給与が保証されてきました。「終身雇用」で定年までの雇用が約束され、「年功序列型賃金」によって成果とは無関係に給与が上昇し、その仕組みを「企業内労働組合」が守ってきました。企業の安定性を担保し、長年かけて熟練工（スペシャリスト）を育てる仕組みは、高品質なものを大量生産すれば企業の競争力が維持できた時代には、それでよかったのです。

かつての高度成長期には、このモデルが世界的にも模範とされることもありました。労働者にとっても、その中で働くことは、長時間労働といった痛みが伴うものの、精神的にも待遇面でも潤《うるお》いをもたらしたといえるでしょう。

ところが、いまや企業を取り巻く環境は一変しました。もはや、大企業に帰属すれば一生面倒を見てもらえるという時代は終わりを告げています。日本の国際競争力も目に見えて落ちています。このうえさらに、人口全体の高齢化による労働力の低下がやってくるのです。改革は急務といえます。

長時間労働・低生産性では生き残れない

そのような中、驚きの調査結果が出ました。

1週間に50時間以上働く労働者の割合を国別にグラフにしたのが次頁の図です。韓国に次いで第2位の日本は、21・9％の労働者が週に50時間以上働いています。日本は年間祝日が15日（2014年時点）と相対的に多いですが、それを考慮してもこの労働時間の長さは驚きです。

そして、2014年度の日本の労働生産性（就業者一人当たり名目付加価値）は、OECD（経済協力開発機構）加盟34ヵ国中第21位。2005年から21位の状況が続いていて、主要先進7ヵ国でも最も低い水準のままとなっています。物価変動を加味した実質労働生産性上昇率は前年度から2・8ポイント低下し、5年ぶりのマイナスとなりました。

つまり、働けど働けど結果が出ない、という厳しい状況が、いっこうに改善しないままなのです。

これは、いますぐにでも意識を変えなければなりません。

働く人も売り上げも右肩上がりに増え、生産年齢人口が多い、いわゆる「人口ボーナス期」

1週間に50時間以上働く労働者の割合（2014年）

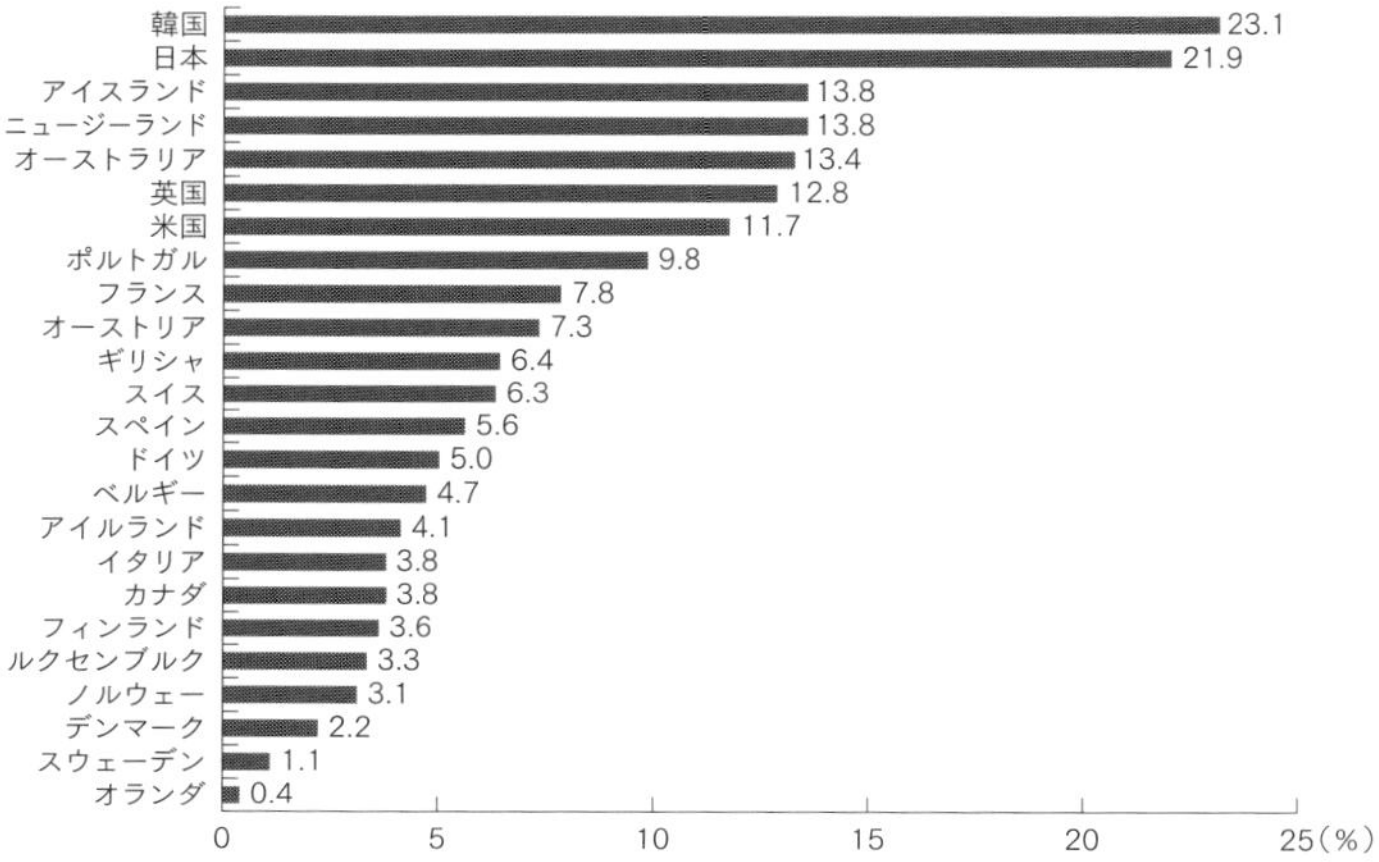

OECD、2014年より

は、単純労働でも長く働けば働くほど成果があがりました。

ところが現在のように、働く人より支えられる人が多くなる「人口オーナス期」には、クリエイティブな発想でイノベーションを起こし、付加価値を生み出すことが求められています。

量よりも質、スピード、目新しさを生み出す働き方をしないと競合他社（他者）に勝てない時代だ、ということです。

私たち日本人には、「人口ボーナス期」のよい記憶が強烈過ぎたのでしょう。この時代の成功体験から抜け出せないままでいます。

しかし、次の事実を見つめなければなりません。

OECD加盟諸国の労働生産性（2014年／34ヵ国比較）

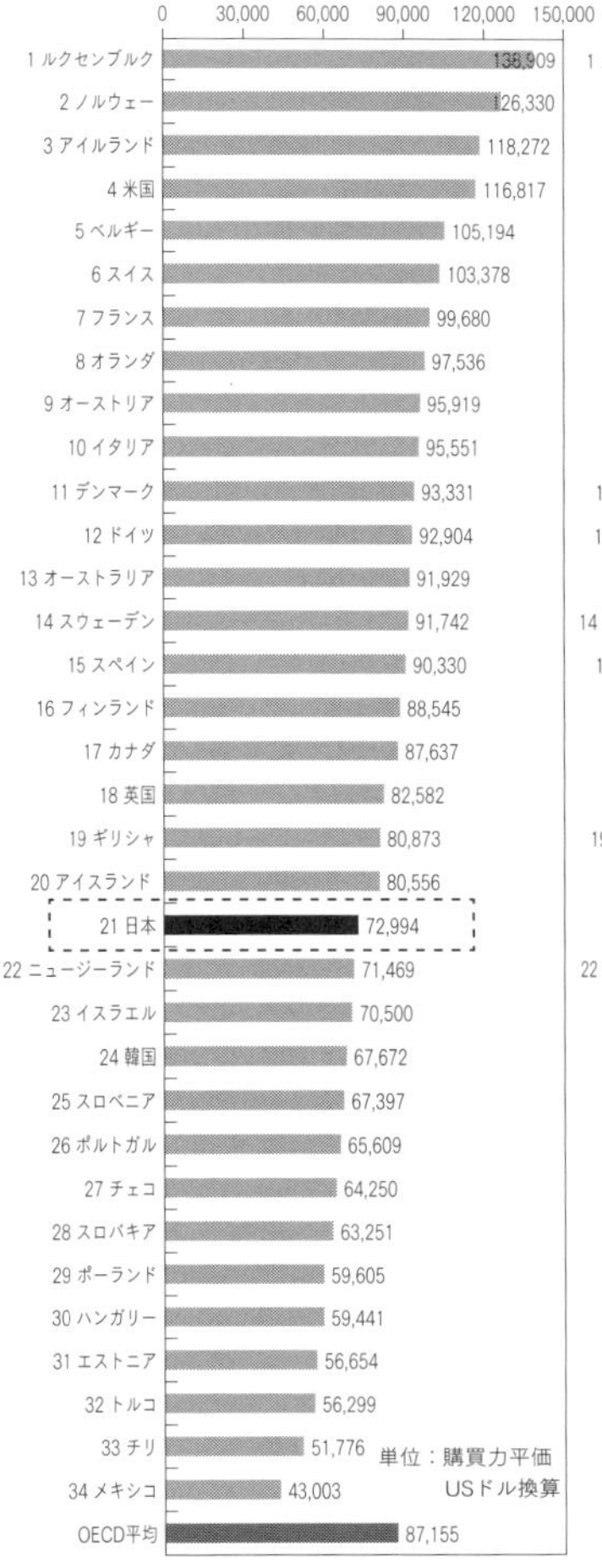

OECD加盟諸国の時間当たり労働生産性（2014年／34ヵ国比較）

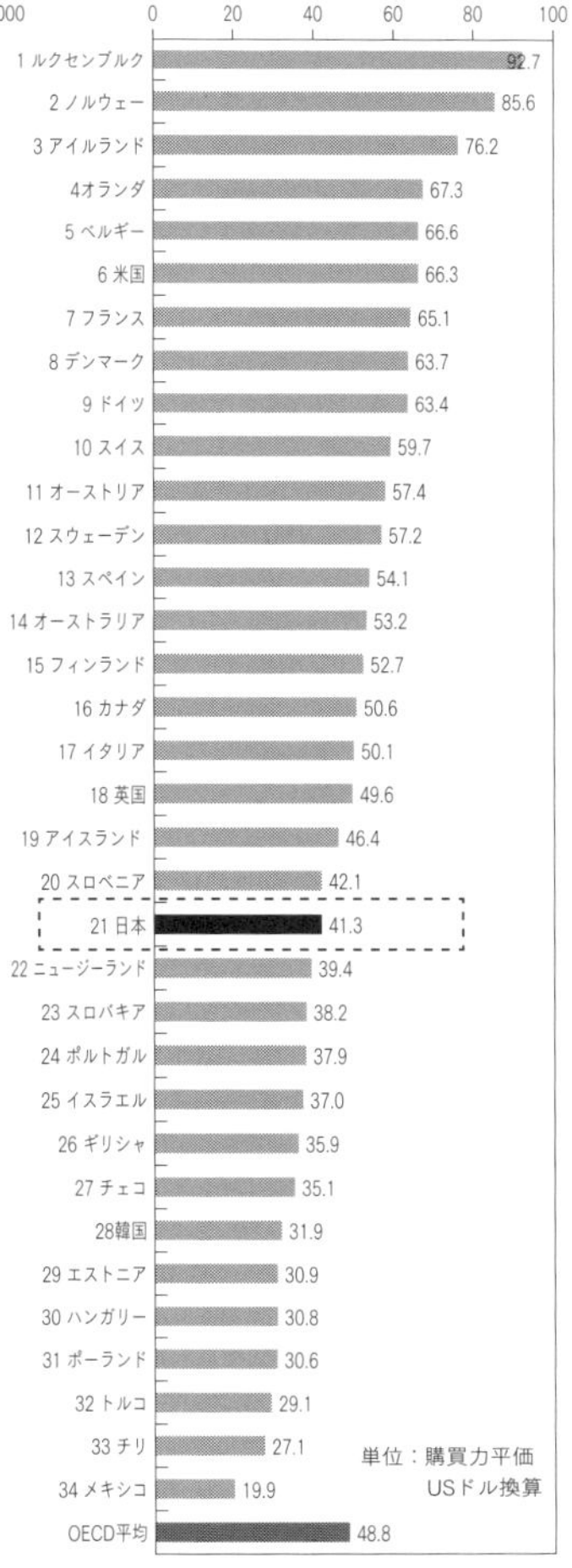

「日本の生産性の動向2015年版」公益財団法人日本生産性本部より

急減する生産年齢人口

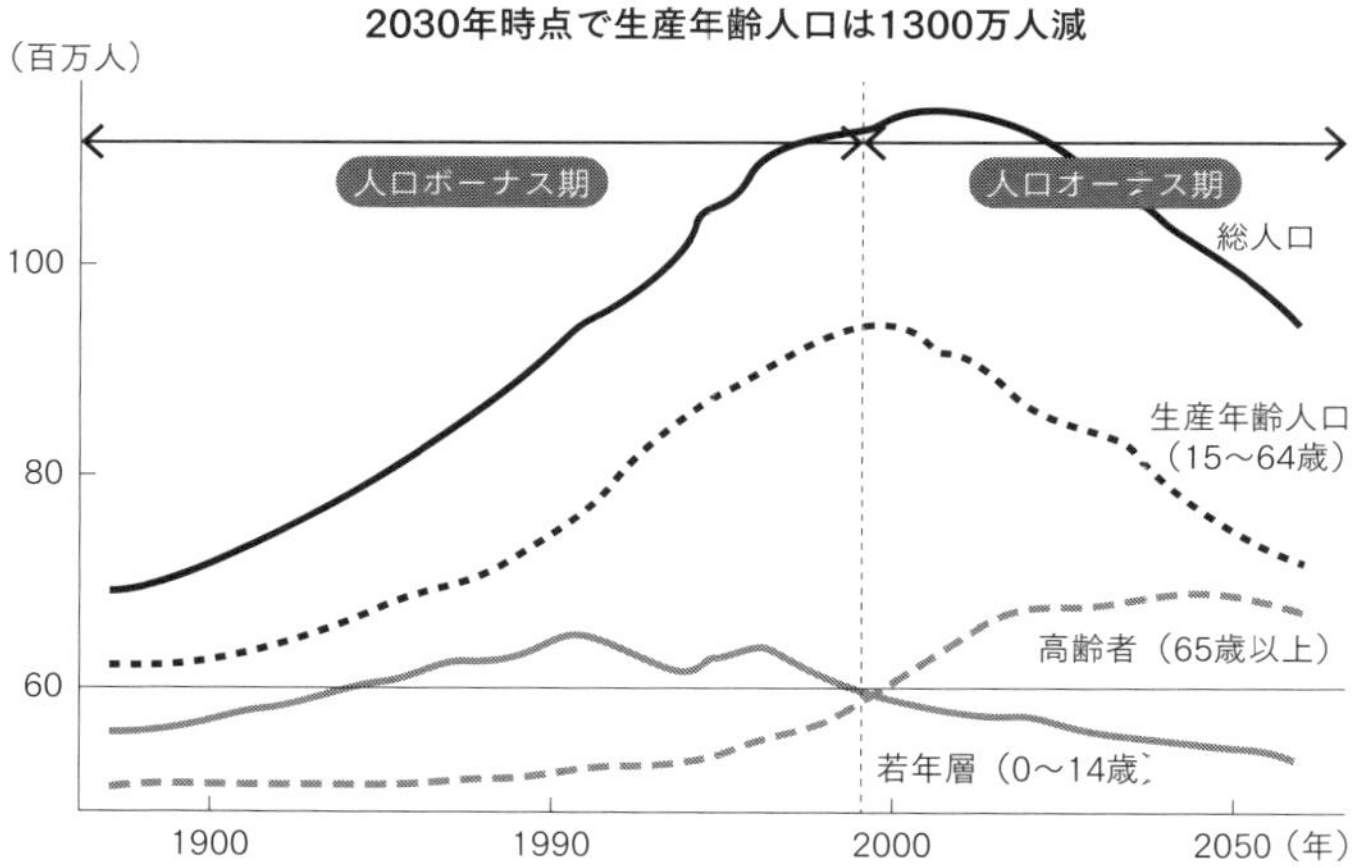

国立社会保障・人口問題研究所 人口統計資料（2013）

変わる社会構造

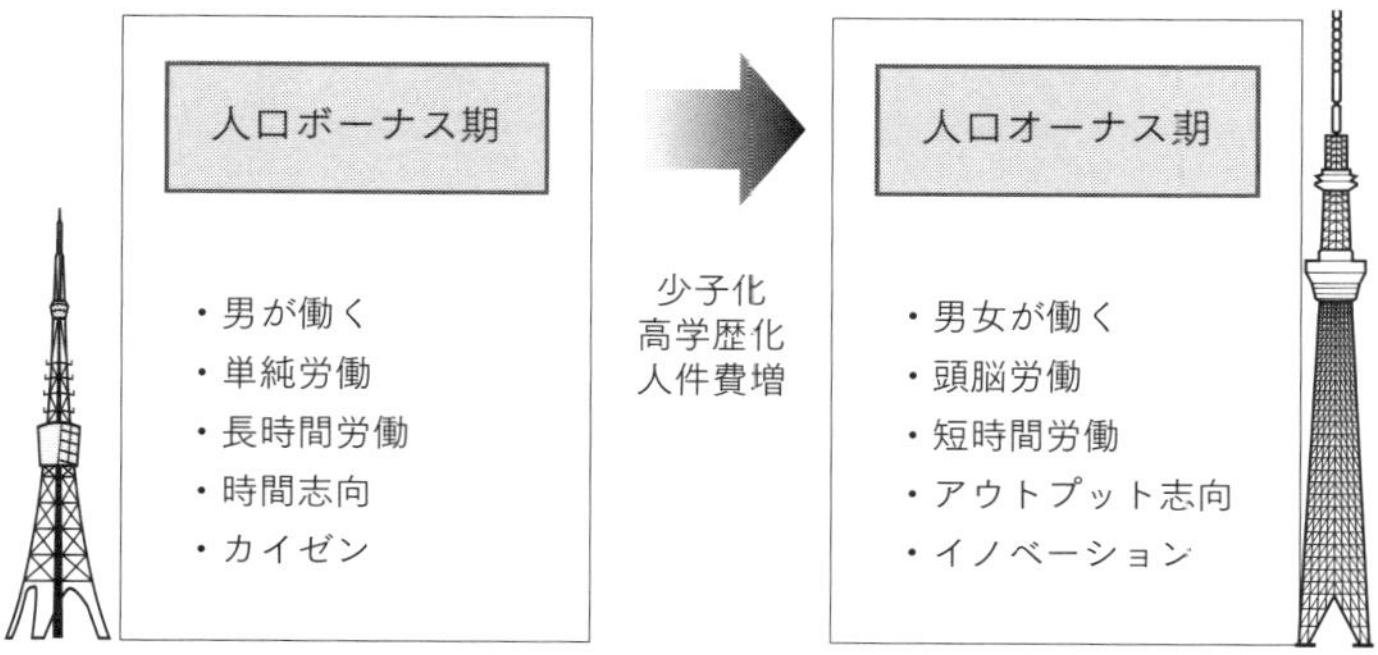

日本人の平均年齢は、46・5歳（2015年）で世界第1位なのだそうです。長寿世界一になったことはよく知られていますが、平均年齢も世界一とは驚きです。それだけ老いて成熟した国だ、ということです。たとえば、経済成長を続ける東南アジア各国の平均年齢と比べれば、その差は一目瞭然《いちもくりょうぜん》。シンガポール40・0歳、タイ38・0歳、ベトナム30・4歳、インドネシア27・8歳、フィリピン24・2歳……。

高齢化の加速で日本国内の需要が下がり、かつ生産年齢人口が減る中で、はるかに若く、これからどんどん成長していく世界を相手に競争しないといけません。こうした状況下では、なおさら他社（他者）と「差別化」をしなければ生き残れないことは明らかでしょう。

もちろん、それを支えるプロセスや制度の整備は重要です。ですが、それを企業が用意してくれるのを待っていていい状況ではないし、企業も、プロセスや制度の用意を目的にしているようでは、その先の〝成長〟にはつながりません。

「高齢化は重荷ではなくボーナス」

近年では、労働量の確保だけでなく、働き方の質を改善して、労働生産性の改善（労働者一

名目GDP上位国（2015年）

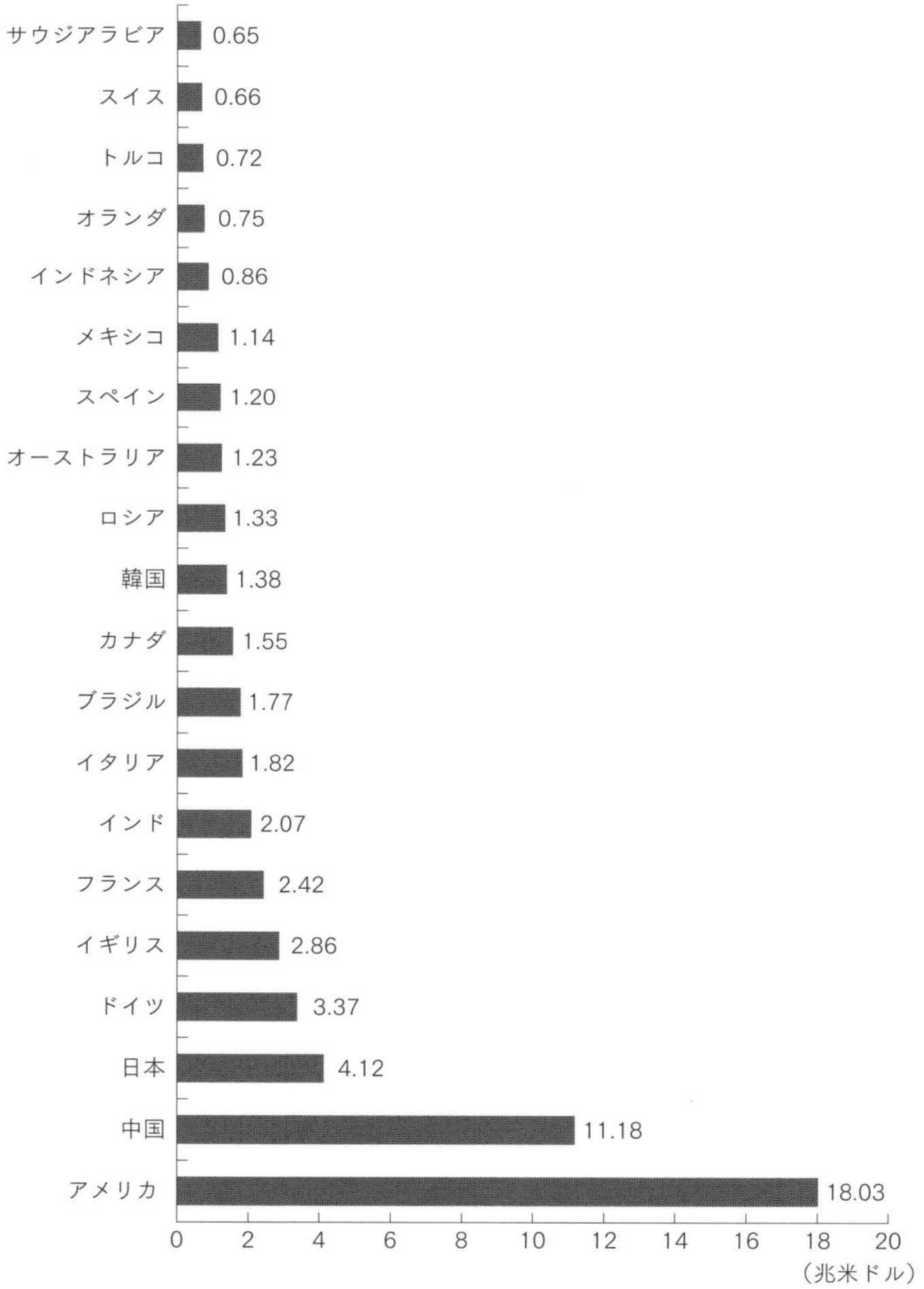

IMF-World Economic Outlook Databasesより作成

名目GDP（米ドル）の推移（1989～2016年）

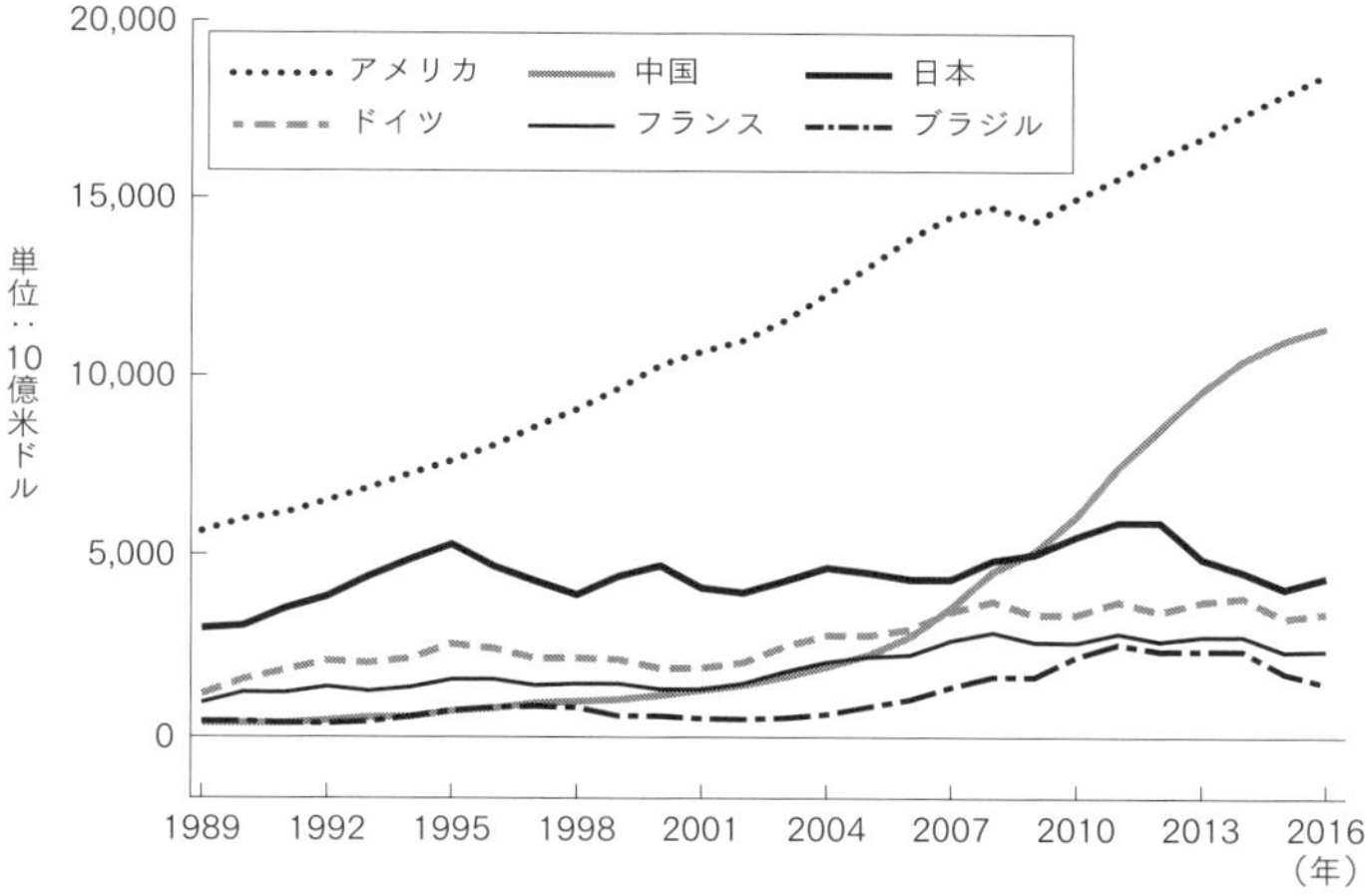

IMF-World Economic Outlook Databasesより作成。2016年は予想値

人当たりが生み出す利益の向上）を企業の成長につなげようとする動きも出てきています。さらなる日本の経済成長のためにも、企業のあり方や個人の働き方を変えなくてはいけないと、政府も動き始めました。

安倍晋三首相は、日本時間2016年9月21日、アメリカ・ニューヨークで金融関係者を前に講演し、このように宣言しました。

「日本は高齢化しているかもしれません。日本は人口が減少しているかもしれません。しかし、この現状が、我々に改革のインセンティブを与えます。（略）日本の人口動態は、逆説的ですが、重荷ではなく、ボーナスなのです」

この日の講演は、日本銀行の新たな金融緩和の枠組みを示唆《しさ》し、政府・日銀が一体となってアベノミクスを加速させることをアピールするものと受け止められました。実際、NYをはじめとする世界の資金を日本市場に流入させることを目的にしたものだったといえるでしょう。

確かに、この3年間で生産年齢人口は300万人減少しましたが、名目GDPは減らずに高いレベルを維持していることを考えれば、高齢化や人口減少がただちに経済規模の縮小に直結するとはかぎりません（30〜31頁グラフ参照）。しかし、日本のGDP成長はかつての勢いをすっかり失っています。ある意味強引なアベノミクスの経済政策によりなんとかGDPの水準を維持していますが、アメリカや中国に比べ、相対的に成長が鈍化しているのは事実です。

安倍首相は先の講演で、「日本は『開放性』を推進する」として、「一定の条件を満たせば、世界最速級のスピードで永住権を獲得できる国になります。（略）乞《こ》う御期待です」と移民政策を進めることを示唆しました。生産年齢人口の減少はもう止まらないという前提で、海外の労働者の流入を認めた形です。

２０１６年8月2日には、28兆円規模の経済政策が閣議決定されました。その中で、「働き方改革」を「最大のチャレンジ」と位置づけ、構造改革の最優先事項と決めています。この中では、成長分野に人材を移す労働改革の一環として、解雇の金銭解決の導入も議論されています。

政府は、止まらない高齢化を前に、国際競争力を維持するため国外からの移民を奨励《しょうれい》し、また労働力の流動性を促す仕組みづくりで、欧米に比べて6割程度にとどまる日本の労働生産性の引き上げに本腰を入れたのです。移民や解雇の問題は、議論の余地がありますが、ようやくリスクを負って、さらなる成長（アチーブモア）に動いたという意味では、「変革するのはいましかない」と日本政府も認識していることだけはたしかです。

生き残るための方法論

では、成果を出す方法論としての「働き方」を考えてみましょう。

今後、日本の国内需要は減少し、日本国内のみで成長戦略を見出すことは難しい企業が多くなります。また、減り続ける生産年齢人口を考えると、海外のメンバーを巻き込むことも必要になるでしょう。

そう考えると、「グローバルでも通用する働き方」を身につけるのが得策です。

自分の価値を世界に売り込むことができますし、世界市場を相手に就職活動ができれば、雇用の機会は決定的に拡がります。英語ができる／できないという言語力の問題ではなく、たとえ勤務場所が日本であっても、グローバルを意識した働き方が必要になってくるのです。

実際に、流通、製造などの業界では、労働力を確保するために、外国人の積極活用を始める日本企業も現れています。たとえば、コンビニエンスストア大手であるローソンは、すでに「ダイバーシティ（多様な人材の活用）」を目的に、日本人と同様の処遇で外国人の正社員雇用を開始しています。日立製作所にいたっては、非日本人従業員の比率が３割を超えているそうです。ほかにも、ユニクロのファーストリテイリング、英語の社内公用語化で注目を集めた楽天などの成長企業が、次々と外国人の採用に力を入れ始めています。

このままグローバル化が急速に進んでいけば、そう遠くない将来、文化・価値観のまったく異なる外国人が上司や同僚、部下になることも十分考えられます。そうなれば、いままでのような「汗を流して長時間働く人が偉い」という日本特有の評価は通用しなくなり、「いかに短い時間で成果をあげるか」という評価軸に一変するでしょう。

かつて日本に見られた、いえ、いまなお一部で蔓延《はびこ》っている、一日中喫煙室で過ごしたり、机に向かって仕事をしている振りをしたりするなどは言語道断。また、昼夜関係なく、残業も厭《いと》わず働くといった、かつては模範とされた滅私奉公《めっしぼうこう》型の従業員も、成果があがらないのであれば、評価されないばかりか、「無能」のレッテルを貼られ、会社に留まることすら許されなくなる時代が、すぐそこまで来ていると考えるべきなのです。

時間・場所・会社に縛られない働き方

「あなたは、企業に就職して勤務がしたいのか、仕事がしたいのか」

就職活動をする学生の前で講演する際に、私は必ず、この問いをすることにしています。

いま見たように、時代の大きな変革期にさしかかっているにもかかわらず、終身雇用云々でなく、「(できるだけ)長くいること」を前提に日本企業に就職する学生は多いといえます。「企業に就職したい」だけなのか、「仕事がしたい」のか——このマインドの差が、のちに大きな成長の差につながっていくと私は思います。

目標をイメージしないとそれを達成することはできないので、具体的に「こうありたい」という短期・中期・長期の目標設定が必要だと思います。そこで私は、自分の部下やメンティには、「3年後、5年後のなりたい像を書き出しなさい」と必ず伝えるようにしています。ちなみに「メンティ」とは、職制とは異なる（上司ではない）指導役「メンター」に対し、指導される側の人のことを指す言葉です（詳しくは後述します）。

今日、いま、この瞬間にやる活動も、3年後、5年後の自分に向けて「ぶれているか、ぶれていないか」の視点は、非常に重要だと思います。

専門性を極端に高めていくということであれば、ひとつの会社でずっと鍛錬していく方法もあります。その分野にかけては右に出る人はいない、というキャリアの積み上げ方です。

一方で、これだけさまざまな製品やサービスが出てくると、スペシャリストではなくてジェネラリストを狙う人もいます。

私の場合、「コアコンピタンス（競合者が真似できない中核的能力）」とか「エクスパティーズ（専門性、専門知識）」は、製品マーケティングだと自分では思っています。それ以外にも、これまでの日本マイクロソフトでのキャリアの中で、マーケティング担当や品質改善担当、ビジネスユニット責任者などを経験し、11年間で4回も異動しました。特定分野のスペシャリストになるというよりは、フィールドを半歩分ずつずらしながら自分の得意分野を〝面〟を広げるように育ててきたといえます。そのようにして人材としての「幹」を太くしていくというのが、私のキャリアデザインのひとつです。

こうした経験を通じたスキルの積み重ねが、自分自身の人材としての市場性を高め、人材マーケットにおける価値を向上させます。その進捗を確認していくことができれば、将来に対する見えない不安と闘うこともなく、日々のストレスも軽減できます。

私は、自分が経験してきたいくつかの分野では、日本マイクロソフトに限らず、どのような会社でも実践可能なスキルを身につけてきました。このようにして、「場所（会社）を問わず通用する人材になる」ことも、「アチーブモアな働き方」を実践するうえで個人が目指す目標のひとつになるでしょう。会社の仕組みをつくるよりもはるかに大切な、「ワークスタイル変革」です。

私たちはいまここで、自分の働き方、企業内での働き方を、客観的かつ俯瞰《ふかん》的に見直すことが必要ではないでしょうか。

本当に求められているのは、社内制度としての仕組みづくりではありません。ゴールは、各個人が成果を残すことのできるワークスタイルの実現であり、各個人のスキルの習得と向上です。社員一人ひとりにその機会を具体的に提供できる企業ならば、必ずや業績をアップさせられます。また、一人ひとりの個人として見れば、さまざまな経験を通して身につけたスキルを、どんな場所・環境においても再現できる能力があれば、いかなる会社でも通用する人材になることができます。

昨今の「働き方改革」関連の言説の中で、「時間や場所に縛られない」ということがいわれています。これ自体、内容面での不十分さが目立ちますが、加えて、「会社に縛られない」という視点が欠けていると、私は思います。逆説的ではありますが、どんなところでも働くことができ、どんなところからも求められる人材だからこそ、いまいる企業に多く貢献できるのです。目指すべきゴールは〝そこ〟です。

ＰＤＣＡ（plan-do-check-action）サイクルでプロジェクトを進めるように、働き方や働く意識についても振り返って反省をし、より大きな結果と充実感を持って働く方法を探すべきなのです。

そして、それを実現するためのキーワードが「モダンワークスタイル」です。

変化に対応して進化する「モダンワークスタイル」

「モダンワークスタイル」という言葉を、耳にしたことがあるでしょうか？

日本で「モダン」というと、「現代的な」「ちょっと尖《とが》った」「他と違った」などと捉えられます。しかし、本来は「状況に合わせて行動する」という意味を持っています。

ビジネスシーンにおいて、「モダンワークスタイル」といった場合、社会や自分の置かれている状況に合わせた働き方、ということになります。

過去と現在の状況にギャップがあるのであればそれを見直し、変化に応じた働き方を実践する、それが「モダンワークスタイル」の根本です。だから、この数年の間に何か新たに「モダンワークスタイル」というような働き方が生まれたのではなく、過去も現在も、いつでも、その時々の「モダンワークスタイル」は存在しています。

「変化に対応する」ために必要なのは、周りを変えることではなく、自分の意識を変えることです。また、それを理解できたときが、「モダンワークスタイル」の始まりです。

机の前に座って「Excel」の作業をしていても、人とやりとりしたり、周囲を巻き込んだりすることはできます。その小さな進化こそが「モダンワークスタイル」の第一歩なのです。

実際に、朝9時から夕方5時まで働いていたり、終電まで残業したり、労働組合が力をふるっているような旧態《きゅうたい》依然《いぜん》の日本企業の中にいたり、働く環境は人それぞれですが、どんな環境であれ、その中の1～2割の人はモダンな働き方をしていて、彼・彼女たちの売り上げが、全体の7～8割を占めているといわれます。

もし、いまの状況で成果が出せないというのであれば、それは、自分の置かれている環境のせいではありません。自分の意識の持ち方に最大の問題があるのです。

成果をあげられないことを、会社や上司、オフィス環境のせいにしていても始まりません。大切なのは、いま、自分が置かれている環境下で、どのような働き方をしたら成果があげられるかを考え、実践することです。

しかし、人によって、いつ、どこで、どのように仕事をすれば成果を出せるかは異なります。ですから、「モダン」の持つ「状況に合わせて行動する」という意味から見ても、働く時間も場所も方法も、「こうでなくてはいけない」という固定観念にとらわれる必要はありません。

ところが現在のように、「働き方改革」という名の新しい働き方を仕組みとしてつくると、結局は、その新しい働き方という「箱」に自分を閉じ込めるだけになってしまいます。そうではなく、一人ひとりが「アチーブモア」でより成果をあげていくために、固定観念にとらわれず適応していく。すなわち、「モダンワークスタイル」を実現するために、阻害要因となるものを取り除いていく、それこそが本当の「ワークスタイル変革」です。

本書の冒頭で「働き方改革」を目指さないでください、と述べたのはそのためです。

最高のパフォーマンスを発揮する唯一の方法

私自身、「モダンワークスタイル」を実践するようになってから、意識も、一日の過ごし方も大きく変わりました。

意識の変化という点では、インパクトある目標を基にした行動を心がけるようになりました。具体的には、5年後、10年後になりたい自分をゴールとして設定し、いまの自分との間にギャップがある場合は、それを埋めるために何ができるかを冷静に分析するようになりました。毎朝、振り返りの時間を持ち、その日の行動プランを立てています。

目標とする自分に近づくためには、心身ともに健康であることが重要です。だから、可能な限り、始業前にスポーツクラブに出かけて泳いだり、定期的に有酸素運動をしたりしています。そうやって運動をすると頭がスッキリするので、午前中は生産性の高い仕事に集中し、午後は手を動かす、話すなどの作業の時間に充《あ》てることができるようになりました。身体や脳がいちばん活発に働いている時間に、優先順位をつけて戦略的に働くことで、成果も高まりました。

必要がない限りは、夕方には退社し、家族の世話をしたり、社内外の方と意見交換のための会食をしたりと、プライベートの時間を大切にできるようになりました。

私がかつて日本企業で働いていたときは、朝はギリギリに起きて朝食抜きで出社し、優先順位をつけないままに仕事をして、お腹が空いたらお菓子を食べ、夜遅くまで残業し、帰宅したら、お風呂に入って寝るだけ……という生活でした。ところがいまは、そのときとは、意識も行動もまったく違う自分がいます。

私がこのように「モダンワークスタイル」として、〝働き方の進化〟を実現することを、日本マイクロソフトの「テレワーク勤務制度」導入をはじめとする「ワークスタイル変革」がサポートしてくれました。

一日24時間は、すべての人に平等に与えられています。その中でいかにパフォーマンスを向上させられるかは、その人の意識の持ち方にかかっています。そして、かつては、会社なり会社の仕組みが、パフォーマンスを発揮できない理由になっていました。

ところが、「モダンワークスタイル」を実現したいま、パフォーマンスを発揮できないことは会社や会社の制度の問題ではなくなりました。やるかやらないかは、私自身の問題です。

たしかに、日本マイクロソフトが外資系企業であったり、現在の私のポジションが自由と責任を与えられた役職であったりすることで、戦略的に使える時間やエリアはほかの人より広いかもしれません。裁量労働制の「テレワーク勤務制度」を採択している日本マイクロソフトでは、コアタイムもありません。朝9時に出社して夕方5時に退社できる日もあれば、緊急トラブルが発生して、日をまたいでしまう場合もあります。それでも以前に比べれば、自分自身で戦略的に使える時間は明らかに増えています。

「成果」につながらない仕事はいらない

もちろん、自由な時間が多いことと引き替えに、責任や成果も求められます。

「自由がないから成果を出せない」と耳にすることがあります。でも実は、与えられた課題を、決められたときまでにこなす日本の働き方はとても楽なのです。なぜなら、会社や部署によって、仕事の進め方もルールも決められていて、それを踏襲《とうしゅう》するだけで、新たな工夫をする必要がないからです。

私もかつて、日本の古い体質の大手通信企業に勤務していた当時は、一日15時間という長時間労働が当たり前でした。繁忙期には泊まり込んで、床に段ボールを敷いて仮眠をとっていたこともあります。といっても、その中身はというと、コピーをとったり、資料を作成したりするだけの、クリエイティビティや工夫を少しも必要としない業務ばかりでした。それでも、毎月決まった日に一定の給与が振り込まれていました。

まさに「雇用されること」を前提とした働き方です。しかしその発想では、現在の日本の労働環境では成果をあげられないし、評価もされなくなります。マインドを根本から切り替えなければなりません。

かつての私は、「作業すること」それ自体が目標だったといえます。しかしいまの私は、その先の成果を目標とするようになりました。

目標を実現するため、時間内に、誰を巻き込んで進めればいいかをいつも意識していますし、それについて考えることに多くの時間を費やしています。そうして効率と成果を追求した結果が、いまの私のワークライフバランスにもつながっています。

仮に、個人の裁量だけですべての仕事が完結するのであれば、共同作業は必要ありません。朝9時から夕方5時まで、誰にも邪魔されないオフィスにいて仕事をするほうが効率的かもしれません。しかしいまや、それで完結できる仕事はもうほとんどありません。

社内外の人と協働で作業することで、より高い生産性があげられることがわかった私には、時間と場所という制約を取り払い、「モダンワークスタイル」を〝いつでもどこでも〟実践するほうが、より高いアウトプットを生み出せる働き方となりました。

すでに触れたように、いまや日本の市場や環境は大きく変化し、その変化に合わせた「働き方」の革新を求められています。人口が減り、少子高齢化が進み、子育てはしづらく、高齢者による高齢者の介護、いわゆる老老介護を強いられ、介護離職という問題も生じています。それに伴い、日本の経済成長は足踏み状態を続けています。その中で企業を存続させられるかは、みずから変化を起こせるか、変化に対応できるかどうかにかかっているといえます。

そしてそれは、企業だけでなく、個人も同じだということを意識しなくてはなりません。つまり、個人も企業も、変わりゆく時代や経済に合わせた働き方、モダンな働き方を考える〝時〟が来ているといえるのです。

SESSION-2

マイクロソフトが目指す「ワークスタイル変革」

ワークスタイル変革の聖地

SESSION-1で見たように、企業を取り巻く環境は激変し、私たち働く一人ひとりも意識を根本から変え、働き方を再構築しなければならないのが、「いま」という時代です。

そんな中、「ワークスタイル変革」のリーディングカンパニーとして、日本マイクロソフトが注目されていることはすでに触れました。

2011年2月に、都内5拠点あったオフィスを品川に統合して以来、マイクロソフトが目指す「モダンワークスタイル」とはいったいいかなるものかと、多くの関心、またオフィス見学の希望が寄せられるようになりました。そこで、企業のお客さまやパートナー企業の役員のみなさま、そして政府機関の方々にオフィスツアーの機会を設けるようになり、5年間で延《の》べ80万人に日本マイクロソフトの働き方を見学していただきました。

その結果、最近では「ワークスタイル変革の聖地」とも呼ばれるほどです。

その理由は、単純にオフィスの施設が見学できるからではなく、そうしたインフラを実際にその目で確かめながら、同時に、私たち働く人間の目線で、クラウドを活用した働き方がどのように成果を残しているのか、どのような苦労があってどう乗り越えたのかといった説明を、現場で聞くことができるからです。見学いただいたみなさまには、働く人の視点により近いスタンスから、深く理解いただける体験になっていると思います。

さて、ここでは、実際にどのような説明をしているのか、80万人が訪れて体験した品川本社オフィスツアーの一部を、仮想ツアーガイドになって説明させていただこうと思います。

80万人が体感した「オフィスツアー」

日本マイクロソフトでは、品川にあるビルの12フロア分を使用しています。さまざまな部門とやりとりをする人事、総務部などの管理部門、財務系部門は全部中間階に集めています。その上がセールス系フロア、下がマーケティング、オペレーション系のフロアになっています。

チームの「島」は存在しない

各部門の位置は、大きくは決めているのですが、「なんとなくこの辺」という程度で、明確にどこという決まりはありません。たとえば私のチームのメンバーも、今日どの席に座って仕事をしているかは、まったくわからない状態です。そうした環境でチームのメンバーとコミュニケーションを取っていくために、ＩＴツールが必要になります。

「Office 365」で〝いつでもどこでも〟を実現

このとき、統合型情報共有クラウドサービス「Office 365」を使うことで、ＰＣがあれば、いつでもどこでも、リアルタイムにやりとりができます。また、そのための環境も整えられています。

社外にいるときはもちろん、社内のオフィスにいても、自分のメンバーがどこにいるかわからないことがあったとしても、スマホやＰＣを見れば、「Office 365」の一部である「Skype for Business」を通じて、いま何をしているのかを双方向に確認することができます。これは、相手のステータス（状況）が見える電話機だと思っていただければいいでしょう。一対一はもちろん、多数間での通話（やりとり）が可能です。

何かあれば相手の「プレゼンス状態」を見て、適切な方法で連絡を取っていくことができます。

個人で作業をするときも、すでにクラウドを通じて社員同士がつながっているため、相手の状況を見ながら適切なコミュニケーションやコラボレーションを実施できます。たとえば、「連

ワークスタイル変革を支えるコミュニケーション基盤

Skype for Businessの画面

絡可能」な人に電話を掛けて相談したり、アメリカ本社の人とインスタントメッセージで会話をしてから、クラウド上にあげた資料を共同で編集したり、在宅勤務の人とビデオチャットをしたり、といった感じです。会議もインターネット経由でＰＣや会議室のモニターに映像を映し出し、お互いの表情を見ながら進めることができます。

これが可能なため、極端なことをいえば、仕事をするために社内にいる必要すらありません。

この「Office 365」を活用することで、遠く離れた場所にいるメンバーとも、まるで隣同士の席で仕事をしているかのようにスムーズに連携することができます。自社製品だからいうのではなく、純粋に優れた統合型情報共有クラウドサービスだと思います。

会議を開くためのメンバー間の日時の調整に時間を取ったり、出先から戻るのと外出するのとで入れ違いになったり、といった問題もなくすことができます。まさに「いつでもどこでも」です。

労務管理的には、ひとつの部署で「島」をつくって、部下が目の前にいたほうが楽かもしれません。しかし、それでビジネスがうまくいくかというと、それはまた別問題です。

実際に、個人の専有スペースがなく、すべてがオープンの環境で働いてみると、目の前に部下がいなくても何とかなることがわかります。

労務管理だけしていて売り上げ目標が達成できるなら、部署の「島」をつくって上司が目を光らせて管理していればいいでしょう。しかし、お客さまは社外にいます。現場も社外にあります。現場に近いメンバーに自由と責任を与えて、伸び伸びと働いて成果を残してもらったほうがいいのです。

これについてはデータも取っています。そうやって部署という枠組みに拘束《こうそく》されることなく、機動力を持った態勢にしていると、社内外のステークホルダー（利害関係者）との接触回数が大きく増えるのです。コミュニケーションの絶対量も増え、その結果、成果が残しやすく、かつ、オフィスの外から会議に参加できることで移動時間も効率化でき、不要なストレスも解消できます。

対面式のコミュニケーションは絶対に重要なもので、それ自体がなくなることはないでしょう。ただ、気心の知れた同僚とは、必ずしも対面式でミーティングする必要はなく、オンライン会議などで意思疎通することにより時間を節約し、その時間をお客さま対応に充《あ》てたほうがよいのです。

オープンスペースのオフィスフロア

オフィスフロアは、下の写真のよ

オープンなオフィススペース

うに、オープンなスペースが大半を占めています。

この辺りは、主に開発者支援チームがいるスペースです。どこに座っても自由ですが、なんとなくチームごとにまとまっていて、本部長、役員クラスは、すぐに話しかけられるように、ある程度決まったエリアにいることが多いようです。

オープンスペースだからといって、バラバラに離れて座らなければいけない、ということはもちろんありません。業務内容によってそれぞれのチームのスタイルも変わりますので、開発者支援チームのように、まとまっていたほうが仕事を進めるうえで効率的だというチームは、自然と近くにいるようになります。

フレキシブルなオフィススペース

他部門のメンバーのワークスペースは、人それぞれです。状況に応じて、ソファー席で資料を作成している人もいれば、個室でオンライン会議（Skype for Business）に参加していたり、オープンスペースでメンバー同士会話を重ねていたり……といった具合です。

オンライン会議は、会議室を予約しなくても、ワイヤレスでＰＣに画面をすぐに出すことができます。「ちょっとやろうよ」で始められ、「会議よりも会話を生む仕組み」になっています。

オンライン会議 Skype for Business をするスペース

これは形式的な会議以外でも、日常の会話の中で新たなアイデアや問題点を吸い上げて、即座に実行するいい仕組みだと思います。

集中してすぐに企画書や資料をつくらなくてはいけないときは、「集中部屋（コンセントレーションルーム）」と呼んでいる場所で作業をします。

オープンな作業用デスクがフロアの真ん中を占めていて、その周辺の壁沿いや要所に、個室や集中部屋がバラけて配置してあるといったバランスです。

オフィスも、一度つくってそれで終わりということはなく、常に刷新を続けています。たとえば、これまでマーケティング部門は、あるフロアの東側とおおよそ決まっていました。ところが、もうすぐフロアの縛りもなくすといわれています。先ほど、管理・財務系部門、セールス系、マーケティング・オペレーション系とでフロアがそれぞれ違っていると説明しました。これも今後変わる可能性がありますす。気がついたら隣に営業部門の人がいたり、人事部門の人がいたりというようなことも容易に起きそうな感じです。

日本の従来のオフィスづくりからすると、ちょっと考えられないことではないでしょうか。

デスク上のボタン電話機ゼロ

考えられないといえば、日本マイクロソフトでは、デスクの上によくあるボタン電話機が置いてありません。ＰＣが電話機になっていて、ＵＳＢ接続の簡易電話機につなぐか、または、ＰＣと連動して鳴動するスマートフォンを子機として使います。名刺に記載された市外局番03から始まる電話番号は、国内のみならず海外のどこからでもかけられるし、受けられます。それが、時間や場所にとらわれない働き方を実現させるひとつのツールになっています。

このようにして、すべての情報、人、スキル（ナレッジ）がクラウドサービスを通じてデジタルでつながっていることが「モダンワークスペース」「モダンワークスタイル」を構築するうえでとても重要です。

個人のロッカーはA3段ボール2つ分のみ

オープンスペースのオフィスだと、私物はどうするのかという疑問も当然あると思います。実は、個人のロッカーは、一般的なA3段ボール2個分のスペースしかありません。荷物はこの中に入るだけしか持ち込めません。モノを置けないので、会議でも紙を配ると嫌がられます。

このオフィスに移ってくるときには、社員は口々に「絶対小さい」と言っていたのですが、やってみると何とかなるものです。

2週間に1回は上司と部下で一対一の面談

「Office 365」を活用して、PC経由でのやりとりが多いとはいえ、直接の面談も大切にしています。

このオフィスに移ってわかったことがあります。部署で「島」をつくっていたときは、毎日、直接顔を合わせ、いろいろ話していた気になっていました。でもそれは、文字通りその気になっていただけでしかなかったのです。実際には、思ったよりダイレクトコミュニケーションの量は少なく、会話の質としても深いものではありませんでした。

日本マイクロソフトでは、上司と部下が一対一で、少なくとも2週間に1回は話をしなくてはならないことになっています。そういった面談に適した小会議室を用意していて、いま見ているこのフロアだけでも30以上あります。

すべてをPC経由で済ませるのではなく、アナログのコミュニケーションも大切にする。そうやって一対一の面談の機会が増えるにつれて、相手のことをより理解できるようになりました。相互コミュニケーションが円滑《えんかつ》になり、意思疎通ができているからこそ、PC経由での「いつでもどこでも」のやりとりで問題のないチームワークが実現できていると思います。

そうした面談用の小会議室よりさらに小さな電話会議用の部屋もあります。主に在宅勤務の人やアメリカ本社とのやりとりに使用しています。

ここは音が漏れず、プライバシーを守って話をすることができます。基本がオープンであるだけに、プライバシーを保って会話ができる設備がきちんとあることは、意外と重要なポイントになります。アメリカ本社とやりとりするときも、そのままスタッフフロアでしゃべっているとうるさいですし、周りに聞かせたくない内容もありますので、この部屋を使います。

ファミレス席

モニターやテレビがついているので、海外や在宅勤務者などとのやりとりもスムーズです。

「ファミレス席」でざっくばらんなコミュニケーション

ここは話をするための完全なフリースペースで、私たちは「ファミレス席」と呼んでいます。「ちょっといい？」と声をかけて、パッと座って会話ができるエリアです。「会話」を生む仕組みを浸透させるための工夫のひとつとして、このような即座に相談ができる場を作業スペースの間に設けています。

作業用のオープンスペースは通常業務

で使用します。それに対し「ファミレス席」は、もっとざっくばらんに、突っ込んだ会話をしたいときなどに活用します。

ほかにも、長テーブルを設置して、即座に数分から30分程度の短時間の打ち合わせができるようにしているスペースもあります。椅子はあえて硬くて座りづらく、背もたれのない形状のものにしてあります。その一方で、長時間作業するためのスペースの椅子は、そうしたシチュエーションに合うようにゆったりしたものにしています。社員投票で決めました。照明の光の加減も、集中力を増すことを考えながら設定しています。

それぞれのスペースには意図と目的が明確にあって、机や椅子はそれに見合ったものが選ばれています。

使用率の低いスペースは縮小する

決まった勤務時間帯というものがないため、パッと見渡すと、けっこう人がいなくて、空いている席があることに気づくことがあります。実は、この「空席率」も定期的にチェックしていて、使われないスペースは縮小していくことになっています。実際、社員数は同じですが、使用するフロアスペースは年々縮小しています。

そうやって無駄を省《はぶ》いた結果、1フロアがいらないことになり、そのフロアは別の会社に貸し出すことになりました。

会議室もスマホで確保

別の一角には、会議室が集まっています。面談用の小会議室や在宅勤務者とのやりとりに使用する小部屋より、もっと大きな部屋で、大勢での使用を想定しています。

これらの会議室は、入り口のモニターで予約状況を確認することができます。

ある製造業のお客さまをご案内した際は、「わが社では、空いている会議室を見つけるために、一日約30分以上は費やしている」とおっしゃっていました。ところがこのオフィスなら、スマホからでもPCからでもどの会議室が空いているか見られますし、会議室の入り口のモニターを見て、空いていたら、「リザーブナウ（いますぐ予約）」というボタンを押すことで会議室が確保できるとともに、社内でその情報が共有されます。

会議室の空き状況のみならず、日々のスケジュール管理は、「Exchange Online」というツールで行われ、PCやスマホと同期して、次の会議がどこで行われるのかまで能動的に通知してくれます。入退館、会議室の管理は意外と複雑ですが、社員情報も一括で管理されているの

One Microsoft Café

で、連動して管理できます。外出先からも会議室をとるのに、クラウドが必要となります。

対面式コミュニケーションに必須のカフェスペース

このフロアは、いわゆる社員食堂、One Microsoft Caféです。食事をとる以外にも、異なる部門の人たちと対面して、自由に会話を交わしたり、さまざまな意見交換をしたりできる場です。

この中にトレーニングルームやレクリエーション施設、休憩エリアも設けられており、社員やお客さまと懇親会を開催するときもあります。対面式の意思疎通は絶対に効果が高く、このような「集まる場」は重要です。

ICT（情報通信技術）は、あくまで対面式のコミュニケーションを補完する手段であり、物理的に会えないときの共同作業や意見交換、実際に対面する前の準備などに活用できると、さらに多くのことが実現できる（アチーブモア）と信じています。

ITヘルプデスクと庶務サポート

ほかに、業務上のサポートをするためのスペースも用意されています。

ひとつは、「ITヘルプデスク」です。PCのセットアップや操作がわからないなどといったときにはここに持ってきています。

その隣に、オフィス関連の庶務サポートをしてくれるチームがいます。たとえば、名刺を発注する、接待用のレストランを探すといった用件を、インスタントメッセージや電話、メールで依頼すると手配してくれます。

このような手配方法は、目の前にいる人に口頭で気軽にお願いするような従来の形式とは異なるため、うまく活用できるか不安に思う社員が多く、開始前は不平不満も多かったようです。けれども、慣れてくるとこちらのほうが効率的で、社員の満足度も高いです。

接客・セミナーエリア

外部に発信する接客・セミナーエリア

フロアを変えて、高層階にはお客さまと打ち合わせをする接客エリアを設けています。このエリアにはセミナールームも複数用意しており、「ワークスタイル変革」の実現のためのセッションや、パートナー企業とのイベント、記者発表会なども開催しています。新しい「働き方」を実現する具体的なソリューションも展示しており、オンライン会議システムなどを実際にお試しいただくこともできます。

このように、社内業務の効率化を図る仕組みを整えるだけでなく、社外のお客さまと触れ合うことも重視し、効果的に打ち合わせやセッションを行える環境を整えています。

オフィスツアー中によく出る質問

いかがでしたでしょうか。ご紹介できたのはごく一部ですが、雰囲気だけはなんとなく摑《つか》んでいただけたのではないか、と思います。

機会があれば、実際に足を運んでその目で確かめてみてください。きっと、オフィスというものに対する固定観念が崩れる体験になるはずです。

とはいえ、これらはあくまで働きやすいオフィス環境という「インフラ」。実際に運用していくためのソフト面、また、個々人が「アチーブモア」でより成果を出す働き方というものを、これらの上に構築していかなければなりません。

そのため、オフィス見学者からは、たくさんの質問が出てくることになります。ご参考までに、ある日のツアー中に受けた質問と、そのときの私の回答をQ&A方式で紹介したいと思います。

Q1 いろんな障壁をなくしていくことで、明らかに生産性が上がっていくというデータがあると思うのですが、その結果を見て、どのように感じていますか？

A1

ビジネスの目的を達成するために、「何をやらなくてはいけないか」ということが経営ビジョンとしてあります。また、それを具現化するためにどういう手段があるかということを考える必要があります。

日本マイクロソフトでは、たとえば「前年比成長率をX％にしなさい」という経営ゴールと、「部門の壁をなくす」「他者を助けている人を評価する」「場所にとらわれずに働きながら結果を残す人を評価する」などといった目標を明確に打ち出しています。そういった意味ではシビアですが、個々人の社員が「考えながら働く」ことがようやく定着してきたという印象です。

私がかつていた日本企業では、与えられた仕事を与えられた時間の中でやって、だめだったら残業するということが一般的でした。しかし日本マイクロソフトでは、ある程度の大きなゴールを見据《みす》えて、実現のための手段は個人に委《ゆだ》ねられる部分がありますす。そういった意味では、自由と責任を与えて結果を残す文化だといえますし、残業して夜遅くまで働いている社員よりも、短時間で仕事をこなして早く帰る社員のほうがクールだと思われます。

そのために場所を特定した働き方ではなく、ＩＴツールをうまく使いながら、より多くの人と関わりや交わりを持って仕事をしなさい、と言われてきましたが、それがだいぶ根づいてきた感じです。

Q2

従来のオフィスの枠組みでは、生産性は上がらない。むしろ、否定すべきものというくらいにはっきりしたということですね。

A2

今日はたまたま品川のオフィスに一日いて、８件の会議は、全部会議室で行いました。会議室にはモニターがあり、モニターがなければ持ち込んだＰＣでオンライン会議と併用します。ですから、会議室にいない人たちもオフィスの外から参加するということがふつうに実現しています。

Aさん、Bさん、Cさん、Dさん全員に参加してもらうためには、来週もしくは再来週にならないとアレンジできなかったというような会議が、オンライン会議を組み合わせることで、その日にその場で行うこともできるようになりました。会議のとき、その会議室にいるからよいということはない、外から参加しても、自宅から参加してもよしとする文化が根づいたのは大きいと思います。

重要なのは話される中身であり、結果や成果ですから。

Q3 在宅勤務を導入すると、勤務時間の管理はどうなるのでしょうか?

A3

あくまで、勤務時間制度はあります。日本マイクロソフトは、2016年5月に就業規則を変更し、コアタイムを完全になくしました。そのため、「何時から何時までは働いていなくてはいけない」という拘束《こうそく》時間はなくなりました。しかし、日本の労働基準監督署に勤務表を出さなくてはいけないので、毎日何時から何時まで働いたという勤務表はつけることになっていて、毎月オンラインツールを通して管理・提出しています。その結果、労働時間が長いことが明らかになると、「アラート（警告）メール」が上司に飛んできます。

Q4 勤務時間は、本人の自己申告を信用するということですか？

A4

申請内容を信用していますが、上司と部下の定例の一対一面談の中で、労働環境や健康状態をしっかりケアしています。

前述の通り、労働時間が長い人、勤務表を入力していない人には、アラートが上がる仕組みになっており、きちんと勤務表をつけるように徹底しています。

Q5 勤務表の管理をあまり重視していないのでしょうか。

A5

働き過ぎになっていたり、さまざまな悩みを持っていたりする場合は、定例の一対一の面談の場で聞くことが多いといえます。なるべく、そちらでケアしていくようにしています。

裁量労働制で、基本的には残業時間はありませんから、オフィスに無駄に長くいる人はあまりいません。それに、外資系ということもあり、企業カルチャーなのでしょう、長く、遅くまで働いている人はあまりよい評価をされないということがもともとあります。

ですから、みんな上司には早く帰っているように見せますし、夕方6時ごろにはみんな退社し、飲みに行ったり、家族と食事をしたりしています。家でスマホやPCでメールを見てから寝るという人が多いのではないでしょうか。

Q6 その制度にしてうまくいっているのでしょうか？　必ずしもそのやり方でうまくいく人ばかりではないように思うのですが……。

A6

完全にフレキシブルな勤務形態にして、どこで働いてもいいということにすれば、それで全員が成功するわけではありません。企業文化やモラルの定着など、意識の面での改革も必要です。見方によっては、意図的にサボることもできるシステムですから、そこをどう防ぐかという点では、よい文化やマインドをうまくつくらないといけないということはあります。

また、いちばん重要なポイントは、あくまで時間ではなく成果で働いているというところですね。年に一度、上司と「コミットメント（約束事）」という定量的なゴールや具体的な活動内容を契約し合い、四半期に一度、それを達成しているかを見ます。達成できていなかったり、改善が見られなかったりすると、仮に勤務時間がきちんとしていても、働き方や業務の進め方の改善が求められます。

売り上げや数字目標が明確ではない人、たとえば財務や人事などの管理部門は売り上げで評価するのは難しいです。しかし、日本マイクロソフトの場合、そういった部門でも定量的なゴールをすべて設定しています。たとえば、人事部の人なら、営業支援でのお客さま対応の件数など、数字で約束するようにしています。

そのため、現在の働き方を導入しても、モラルが低下して働かなくなったという人はあまり見受けられません。そもそも、たとえば在宅勤務だからといって、テレビの前で寝転がっているなど楽をしていたら絶対達成しないゴールを設定していますから。

そういった意味では、ストレッチの高いゴールを設けているといえるかもしれませんし、そのために正しいターゲット設定ができていることが重要だと思います。加えて、昨今ではそのターゲットを達成し、自分の責任を果たすことが、どのように会社、チーム、そして他者にインパクトを与えているか、という観点で状況のチェックをしたり、評価を受けたりすることになっています。

「働く」をオープンにする

それにしても、いったいどうして、このような働き方やオフィスをつくることになったのでしょうか。

外資系といっても、働く人の多くが日本人です。慣れ親しんだ「日本式」とはまったく違う方向に行ったのはなぜでしょう。

２０１４年、マイクロソフトのＣＥＯサティア・ナデラは「"Empower every person and every organization on the planet to achieve more."(地球上のすべての個人とすべての組織が、より多くのことを達成できるようにする)」という企業ミッションを掲げています。そこで、日本マイクロソフトは、社員がより多くのことを達成する「アチーブモア（achieve more)」を実現すること、また、多くの企業の「ワークスタイル変革」に必要なソリューションを提供することに注力しているのです。

日本マイクロソフトでは、働いている状況、実施したアクションの結果、約束した目標の達成度などがすべてオープンになっています。

私もチームのメンバーがいま何をやっているか見える状態にあります。チームのメンバーのステータスが全部見えるようになっているので、たとえば、オフラインが14時間続いていたら、「どうしたのだろう?」とすぐに気づきます。様子を見て、ちょっと状況を確認したほうがよいと感じれば、早めに確認したり、次の一対一のミーティングのときに話してみたりと、対応できます。

働いている人をどう管理するか、どこまで情報をオープンにできるか、悩んでいる日本企業はたくさんあります。これはちょっと、アプローチが違うと思います。

オープンにすることは、決して個々の情報や働き方を監視することが目的ではありません。何かうまくいかないことがあったとき、何かしらの改善を図るための〝ギャップ〟を見るためにＩＴツールを活用しています。

「アチーブモア」を実現するためには、日々の振り返りと明日からの反映が重要ですから、この情報のオープン化は、社員にも、上司にも、会社にも、それぞれにメリットがあるのです。

日本マイクロソフトでは、年に一度、上司とメンバーが定量的なコミットメント（約束事）を結び、四半期に一度その進捗を話し合っていますから、たとえば「他部門とうまく連携する」ことが私の部下のコミットメントであれば、「月1回、私が主催する会議に他部門を巻き込み成功させる。そのアウトプットを周りと共有し、次の会議の改善テーマとする」などと、可能な限り具体的な成果に落とし込むようアドバイスします。

民間企業の従業員である限り、「利益を出す」という目標からは決して逃げられません。だからといって、経営目標、指標に紐《ひも》づかない個人の目標は、往々にして継続性に乏しいことがあります。そして、経営目標とのズレは、自分にストレスとして跳《は》ね返《かえ》ってきます。両者の着地点を見つけるのはきわめて重要なことです。

本来は入社前に、会社において「自分のやりたいこと」が実現できるかどうかを見極めているはずです。したがって、個人の目標と経営目標が一致することを前提に、評価は存在します。しかし、どうしても折り合いがつかないのであれば、残念ながら、職種を変えたり、社内異動をしたり、転職をしたり、といった選択肢も生まれてくるでしょう。

自由や権限が与えられていないのに成果を求められるばかりでは、「やらされている感」ばかりが募ることは理解できます。会社と従業員はあくまでアライアンスイーブンな関係であるべきで、自分のメリットばかりを追求するのではなく、その組織に対し、自分はどんなことが提供できるのかということを常に見据《みす》えておく必要があります。

地球上のすべての人の生産性を上げる

「すべての机とすべての家庭にコンピュータを」というマイクロソフト創業当時のビル・ゲイツのミッションは、すでに「Windows」や「Office」によって実現しました。いまや掌《てのひら》の上にコンピュータ（スマートフォン）がある時代です。そして、現CEOであるサティア・ナデラは、「地球上のすべての人の生産性を上げる」というビジョンを掲げています。

日本マイクロソフトの社員も、当然のことながら「地球上のすべての人」に含まれています。私たち社員の生産性を高めるような環境を、企業として提供すべく、さまざまな取り組みをしています。

日本マイクロソフトが目指すのは、「ワークスタイル変革のリーディングカンパニー」であり、「働きがいのある企業ナンバーワン」になることです。そのためには、会社の競争力を決定する「優秀な人材」の確保が必須であり、彼らを引き寄せるために、より大胆に「ワークスタイル変革」を推進していかなければならないと考えています。

新卒の人気企業ランキングを見ると、いまでも、安定性があり、雇用が守られ、ブランド力のある大企業が上位に来ます。しかし、これからの時代は、自分を中心に据えて考えてみたとき、自分の価値観を維持しながら、自分らしく働けるかどうか、といった観点で会社を選ぶようになっていくことでしょう。

生活するうえで必要な最低限の収入を確保することはもちろん重要です。しかし、そのために死にもの狂いで働いて、結局は身体を壊してしまったら本末転倒《ほんまつてんとう》です。

私のこれまでの経験を振り返ってみても、成長を確認しながら、自分のコントロールできる領域を少しずつ広げ、それを持続することが何より重要だと感じていますし、私の部下たちにも、そういう働き方を実践してほしいと、常日頃、思っています。そして、それができる人は、ステップアップしながら、自分のコントロールできる領域を広げることが可能になるし、たとえ転職することになったとしても、新しい環境で別の形で結果を出すことができるはずです。

トップのビジョンが変わったことで、日本マイクロソフトの営業マンたちが売るものは、「ライセンス」から「ワークスタイルそのもの」に変化しています。以前は、「Microsoft Office」というソフトウェアの使用ライセンスを販売していましたが、現在は「Office」や「Windows」などの製品やライセンスではなく、それらを活用した「ワークスタイル変革」を紹介するという営業スタイルに変わりました。

優秀な人材を離さないためには

社員個人の視点としては、市場性のある人材になることが個人のリスクを最小化する手段です。しかし、企業側の視点としては、そのような人材、より多くの成果を残す人材は何としてでも手放したくないものでしょう。

繰り返しになりますが、「終身雇用制度」「年功序列制度」「企業内組合」という三大ユニーク雇用制度により、従業員は安定した雇用と給与が保証されてきたのが日本です。けれど、「会社に出社していれば咎《とが》められず」、「成果を残さなくても給料が上がっていく」――こうした制度は、日本の外から見ると、非常に奇異に映るものでした。

内需が減少し、労働力の削減に迫《せま》られている日本において、これらの制度を存続させていくことは、きわめて燃費が悪く、排気量も大きく、環境負荷も重い車であるにもかかわらず、そのまま走らせ続けているようなものです。

実際に、多くの企業の優れた経営者たちは、これらの制度がすでに岐路《きろ》に立たされていることを実感し、人事考課に成果主義を取り入れるなど、多様な変革に取り組み始めています。一方で、旧態依然《きゅうたいいぜん》の制度も厳然と存在し、自動昇格による高給が保証されるような企業も存在しています。秩序を守ってルーティンを回すこともちろん大切ですが、このままではめまぐるしく変わっていく環境下で、チャンスに乗って新しいマーケットをつくっていくことは難しいといえるでしょう。

かつて日本の自動車メーカーなどの製造業においては、徒《と》弟《てい》制度やヒエラルキー（階層制）がある、ヨーロッパのいわゆる「ギルド制度」と同様に熟練工が育っていきました。その結果として、熟練工たちが高品質、高性能の製品を生み出すという文化が存在していました。それ自体は、日本が世界に誇れるものです。

しかし近年、高品質、高機能の製品をつくれば売れるという時代は終わりを告げようとしています。多少機能が劣っていても、スピード重視で市場に出すことがよしとされることも少なくなく、中国や韓国などアジア諸国の企業、そしてベンチャー企業が台頭してきた要因となっています。年功序列制度はもちろん、終身雇用制度は間違いなく時代にそぐわなくなっていて、企業がこれまでのように従業員の雇用を守ることは難しくなっています。

生産年齢人口が減少するこれからの時代、企業の経営者たちが考えるべきは、三大ユニーク雇用制度を守ることではなく、いかにして優秀な人材を維持し、企業として利益を出していくかということでしょう。

日本マイクロソフトのきわめて優秀な人材が、毎朝9時からラジオ体操をするような古典的企業に定着するのは難しいかもしれません。しかし、働く環境、時間、仕事に自由と権限を与えられれば、きっとその会社に居続け、高いパフォーマンスを発揮《はっき》できるであろうことは想像に難くありません。

つまり、自由で柔軟な働き方が実現できる人事制度を提供できるか否かが、企業にとって優秀な人材の確保の肝《きも》となる時代がすでに到来しているのです。それに気づかない、または、気づいていても一歩を踏み出せない企業は、企業間競争に取り残されるばかりか、優秀なワーカーにも見捨てられていくのです。

また、裏を返せば、自由で柔軟な働き方を与えられてもパフォーマンスが出せない従業員は、企業に切り捨てられてしまう時代が来た、ということでもある事実を忘れてはならないでしょう。

企業で働く、給料をもらう

日本人の多くは、労働力を提供し、その対価として給与を得る、「雇用」を前提とした働き方をしています。そういう働き方も、一定の人たちの働きがいにつながっていることは否定できません。ただ、給与を安定的にもらえるシステムは崩れつつあることも見つめなければなりません。企業が継続的に成長できない状況下では、働くことが目的で、労働時間を積み重ねれば給与が自動的に支払われるということは難しくなるのです。

私が品質改善担当だったころ、当時社長であった樋口泰行（現・会長）が、社員に向けてこのようなことを言ったことがあります。

「あなたは、給料日になったら給料が自動的に振り込まれると思っていませんか？」

言葉を変えれば、「あなたの給料は、お客さまが払っているのですよ」ということになるでしょう。その日以来、私は、「自分の働いた成果だから」と当たり前のように受け取っていた給料が、実はお客さまからいただいたお金を社内で配分しているものである、ということを常に意識するようになりました。

品質改善担当として、お客さまに謝罪する仕事は、厳しく苦しいときもありました。しかし、自分の給料の向こうにお客さまがいることを意識したとき、「お客さまのために頑張ろう」という意識だけでなく、問題を解決して信頼を回復するためには何が必要かを考える姿勢も身についたと思います。

「成果」は売上額だけではありません。だから、自分にとっての成果をどのように捉え、周囲に認めてもらい、評価につなげていくかということも重要な問題です。もちろん、自分の成果を定量的かつ継続的に見せられるに越したことはありませんが、職種によってはそれが難しい場合もあります。

だからこそ、自分が何から給料をもらっているのか、何にコミットしているのか、そのぶれない軸を持つことの大切さを感じずにはいられません。

下位5％にならない

最近、大学で教鞭《きょうべん》を執《と》るようになって感じるのは、日本の教育は、パフォーマンスの低い人に合わせ、彼らをどう引き上げていくかという〝護送船団方式〟になっている、ということです。そのような教育を続けていては、ビル・ゲイツや、Facebook のマーク・ザッカーバーグのようなイノベーター、尖った人材は輩出しにくいでしょう。

彼らのように成果をあげるイノベーターの多くは、尖った発想を持って進んでいきます。そのパワフルな様子には圧倒されます。しかし、彼らも周りになかなか認められない時代を経ています。多かれ少なかれ、叩かれたり、受け入れられなかったりという時代を経験しているものです。私たちには、彼らのような人材が道を切り開き、生み出した成果を妬《ねた》まずに評価する文化が、一方で、イノベーターには、理解しない周りを跳《は》ね返すだけの強さが必要になります。

そういう意味では、繊細《せんさい》な感性を持つ日本人には、もっと鈍感力が必要でしょう。

ザッカーバーグのように、モチベーションが高く、改革意欲も旺盛な若手従業員の能力をいかに引き出し、伸ばしていくかは、企業のみならず、日本経済そのものにおいても重要な課題です。「尖った人は尖らせる」という企業文化が必要になるのです。

彼らをサポートする教育システムがないと、世界に通用する大企業は生まれません。大切なのは、伸ばすべき人材とパフォーマンスを出せない人材のバランスです。

外資系企業の「雇用形態」に対する考え方が日本企業と大きく違うのは、終身雇用ではなく、パフォーマンスを残せるかどうかが前提になっているからです。日本においても近年、終身雇用制度や年功序列賃金の見直しなどが話題になっていますが、依然として企業内労働組合が存在し、従業員の雇用確保を優先する企業が少なくありません。

欧米企業では、会社全体が順調に利益を出していても、パフォーマンスを残せない従業員は、同じ企業で同じ職務を継続していくことは難しいといえます。つまり、会社に所属することで安定した雇用が守られるのではなく、みずからが状況に合わせて変化し、結果を残し続けることで、仕事をみずから維持しているのです。

日本マイクロソフトでは行っていませんが、実際に欧米社会においては、パフォーマンス下位5%の従業員を手放している企業も存在しますし、最近では日本でも、結果を出せない社員に何らかの形で強く注意喚起《かんき》する企業もあるといいます。

こんなふうに言うと、日本人の感覚としては残酷なものとしてとらえがちです。しかし、これらの措置は、パフォーマンスを出せない人を切り捨てることを目的とするものではありません。要は、パフォーマンスを出して企業の利益に貢献する従業員への投資額と、下位5%の従業員を引き上げるための投資額のバランスを考えてのことなのです。

営業部門でパフォーマンスが出せないからといって、それだけで「能力が低い」と断定されるわけではありません。「マッチング」の問題もあるからです。実際に日本マイクロソフトでも、営業部門で思うような成果をあげられなかった社員が、顧客サポート部門に異動して大きな成果をあげるようになったというケースもあり、一部門の評価だけで「できない社員」と判断することは難しいでしょう。企業としても、適材適所を見極めるシステムが必要です。

しかし、異動した先でも結果が出せないとなると、ポジションだけでなく、その企業自体が合っていないと判断せざるをえないかもしれません。パフォーマンスを向上させられなかった社員が、転職して活躍しているという話を耳にすることもありますから、なかなか結果が出せない、評価が上がらないといった場合は、「自分はダメだ」と考えるのではなく、「自分にとってこの企業、ポジションが本当に適正なのか」ということを冷静に考えてみるべきかもしれません。

常に「下位5％に入ってしまうかもしれない」という緊張感を持ちながら働いていれば、日中どこかでサボったり、在宅勤務の際にテレビの前でゴロゴロしたりするなどといったことは起こりえませんし、終身雇用制度に守られた結果としての、日本企業における「窓際」というような言葉がまかり通ることもないでしょう。

5％という数字が果たして妥当かは別にしても、下のレベルに合わせるのが日本の文化です。学校教育でも、ものごとを進めるときにも。欧米諸国ではその真逆で、何事も先頭に合わせます。

いまや、過酷な競争が展開されるビジネスシーンにおいて、何もせず、周囲とコミュニケーションもとらないで成果があがる仕組みなどあるはずがありません。上司も、部下が常に工夫をすることで成果があがるような仕事を割り振って、どうやったらインパクトが残せるかを考えながら、部下が下位5％社員にならないように目を光らせておかなければならない時代なのです。

SESSION-3

より大きな成果をあげる「アチーブモア」な働き方

私を押し上げた「アチーブモア」な働き方

私は、2005年に米マイクロソフトに入社し、その後、日本マイクロソフトに移り、2014年以降は業務執行役員として充実した毎日を送っています。仕事柄、アメリカ本社とのやりとりも多く、1年に地球を5～6周するほどの海外出張をこなしています。品川オフィスに出勤するのは1年の4分の1程度。5年前に比べると外部主催の講演回数は2・2倍、お客さま訪問回数は1・8倍に増えている状況です。

しかし、忙しくなったいまも、母を介護しているし、日本にいるときは、ジムで泳いでから出社したり、外部のさまざまな人と交流を深めたりと、プライベートな時間も十分に確保できています。もちろん、仕事の成果も確実に伸ばすことができていると自分では思っています。

最近では、さまざまな場所で講演させていただく機会も増えましたが、私の経験や日々の仕事、ワークスタイルについてお話しすると、「高学歴だから」「留学経験があるから」「飛び抜けた能力を持っているから」、だから、「いまの越川さんがあるのではないか」などと声をかけられることがあります。しかし、私は特別に高学歴でもなければ、留学経験もなく、まして飛び抜けた能力も持ち合わせていません。どこにでもいる普通の人間です。

しかし、そんな私がどうして、日本マイクロソフトの役員という職に就いて、世界をステージに働くことができているのでしょうか。

振り返ってみると、決して恵まれたとはいえない環境の中で、時に挫折《ざせつ》を味わいながら、モダンな働き方を実現すべく、「アチーブモア」の精神で昨日より今日、今日より明日と、自分のできることを広げてきたことがやはり大きいといえます。その積み重ねが、気づいたらいまの状況、立場にまで、私を押し上げてきたのです。

SESSION-2で紹介した通り、２０１４年にサティア・ナデラが企業ミッションとして掲げた、「"Empower every person and every organization on the planet to achieve more."（地球上のすべての個人とすべての組織が、より多くのことを達成できるようにする）」というメッセージ。この中で、サティアは「achieve more」という言葉を使っています。私個人のもともとあった問題意識と、全社トップが示した方向性が一致したのは偶然ではありません。これがいま、時代の求めるキーワードだからです。

そこでSESSION-3では、私、越川慎司個人が、いったいどんな「アチーブモア」な働き方を実現してきたかをお話ししてみたいと思います。

「内円」と「外円」で自分を捉え直す

私が働くうえでもっとも大事にしているのは「内円」と「外円」という捉え方です。また、両者のギャップを極力少なくすることを目指しながらキャリアプランを積んでいくことを意識しています。

私たちが働くときには、必然的に自分でコントロールできる領域とできない領域とが生まれます。図に示す通り、内円が自分でコントロールできる領域、外円ができない領域で、二重円となります。シンプルに捉えるならば、私たちはこういう世界に生きていると考えることができます。

この捉え方に気づいたのは、ベンチャー時代のことでした。それからというもの、いつもこのような図を頭の隅に置いて、外円を意識したうえで、内円、すなわち自分でコントロールできる領域で、最もインパクトを残すことに注力してきたといえます。内円を大きくしていった結果として、自由と責任の幅が広がり、より大きな成果が残せるようになったと自分では考えています。

自由と責任が与えられたことで、私自身はよりはっきり働きがいを感じられるようになりま

一般的な二重円　外円と内円にギャップがある

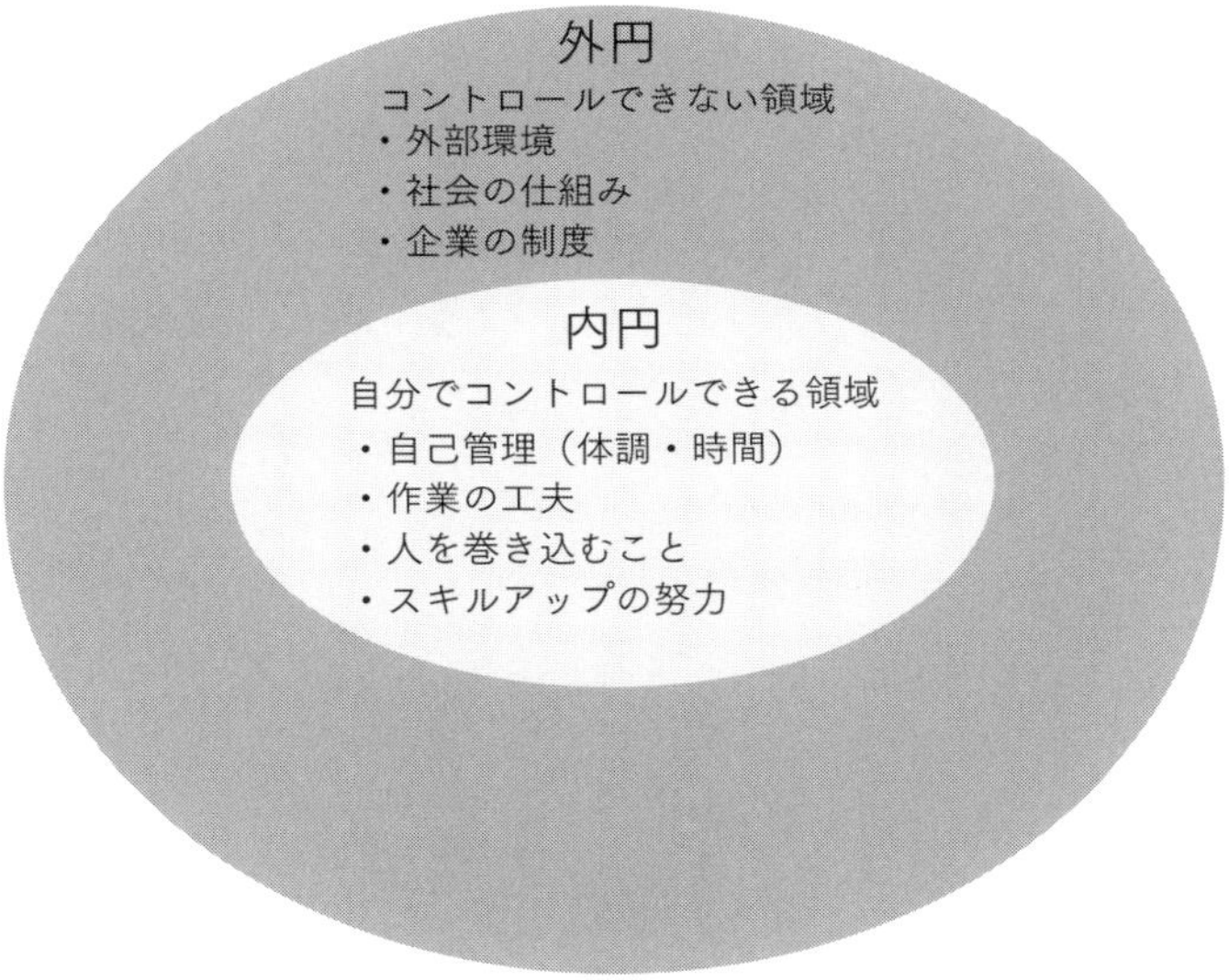

したし、そうした働き方を通して部下や顧客、会社、そして経済にもよい影響が与えられると信じています。これこそが越川慎司の「アチーブモア」であり、「モダンワークスタイル」でもあります。

内円の大きさは、当然、役職や立場によって変わってきます。

日本企業で働く人のほとんどは、上司や労働環境、評価などは、自分ではコントロールできない外円の領域のものだと考え、内円を広げることなく、現状の円の中で「自分のできること」を探し、成果をあげるべく努力しています。中には、「自分のできることはこれだけ、どうせ小さい円だ」と、何もせずにあきらめてしまっている人もいるでしょう。しかし、このような考え方は、終身雇用制度の中でしか通用しません。

もちろん、その円の中で評価されたり、出世したりすることをよしと感じている人もいます。しかし、内円と外円の大きさが違えば違うほど、その間にある「ギャップ」によってストレスが生じます。ストレスは、人間の心身の健康状態と大きくリンクしますから、小さい円の中で、働きがいを感じたり、成果を出したりするのは難しいでしょう。小さい円の中で快適に働けるとはいいがたいのです。

実際に私は、何回かの転職や起業を経験してきましたが、その間、試行錯誤《しこうさくご》を繰り返しながら、少しずつ内円を押し広げ、その結果として、確実に内円の大きさが外円に近づいてきていることを実感します。そのため、ストレスをコントロールしながら幸せを感じて働くことができているのだと思います。

日本においては、先に仕事の内容や組織の都合ありきで、自分の状態をよくすることは二の次三の次になりがちです。私も若いころは、目の前の仕事をこなすのに精一杯で、自分でコントロールできる領域など存在しないと思っていました。

二重円の例（越川）

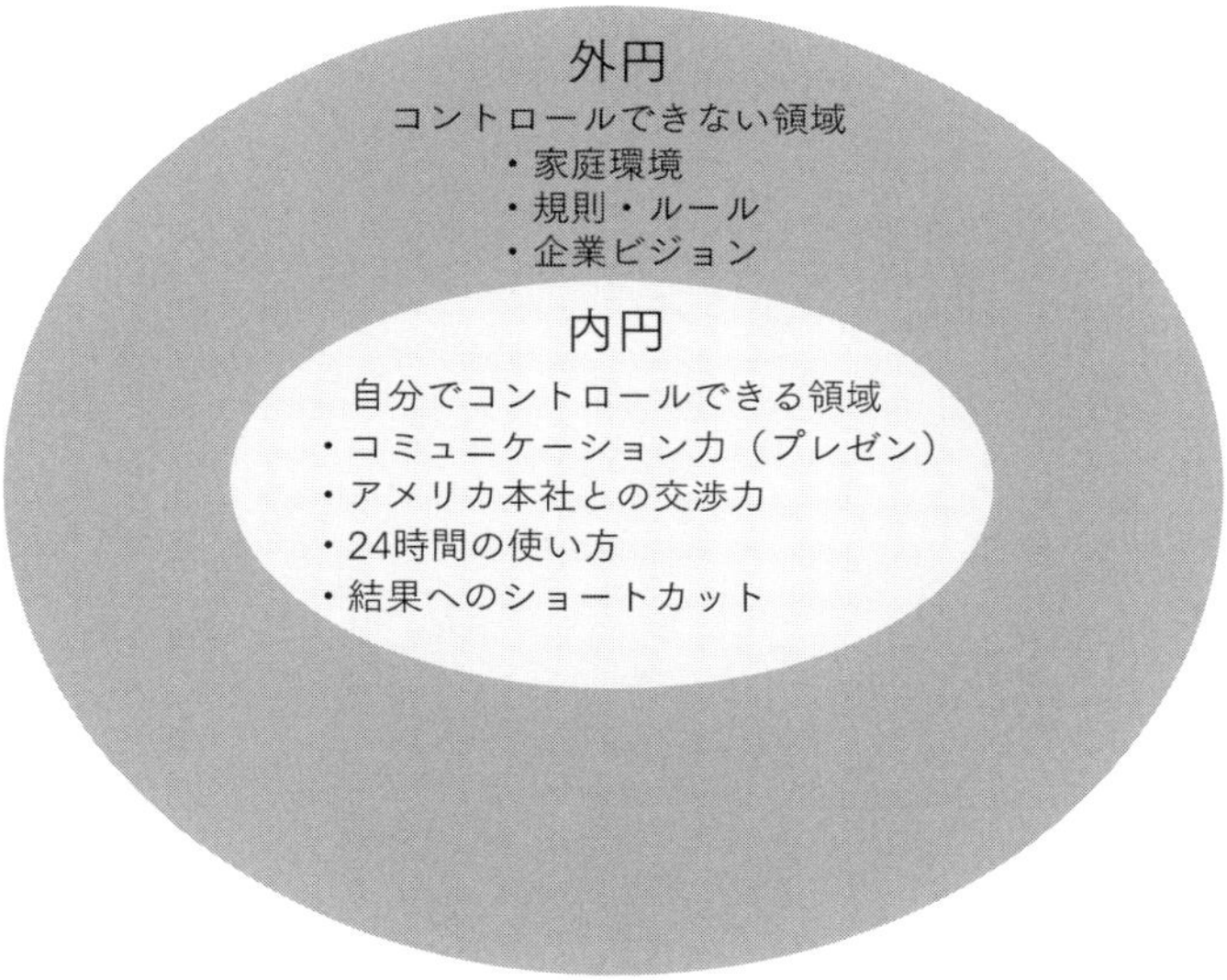

しかし、その比率は小さいにせよ、コントロールできる事柄はゼロではないはずです。そこを少しずつ大きくしたり工夫したりすることで、自分の領域を押し広げていくことができます。「コンフォートゾーン（刺激や緊張のない境遇）」から抜け出す、という意識が必要になってきます。

また、内円を広げるためには、自分の「強み」を把握することが重要です。自分のキャリアやバックグラウンドの中で、自分の能力、他者に勝てる領域、勝てない領域の棚卸しをするのです。そのうえで、自分にできないこと、勝てない領域については割り切ってあきらめることも、「最少の時間で最大の成果を生み出す」というエッセンシャル思考において非常に有効です。成果のためには、捨てる勇気、やらないことを決める覚悟も必要なのです。

自分の内円の中で、どの領域でアクセルを踏むのが効果的であるかを見極めるためには、そうやって、ある意味で自分の能力を割り切ることが必要です。

自分の強みが理解できたら、いま置かれている環境で「アチーブモア」、すなわち、より多くの成果が出せることとは何かを考え、そして、それを生かしてどんな自分になりたいのかという目標を立てます。最初は小さな成果、成功に思えても、行動を積み重ねることが自信につながり、自分の内円をどんどん押し広げることができるのです。

最近セミナーなどでも話していることですが、内円を広げてコントロールできる領域を大きくしていくためには、社内外に自分を理解・共感してくれ、他者への強い影響力を持った「インフルエンサー」の協力者を増やすことも効果的です。インフルエンサーの協力者が増え、その力も借りられるようになると、自分一人ではコントロール不可能だったことまでも可能になります。

たとえば、人事・労務制度や評価などにも影響を与えることができるようになる、といったことが起こりえます。それは、自分の働き方や会社からの評価さえも変える力を持っています。

社外に心でつながる協力者が増えていけば、お互いが困ったときに助け合えるネットワークが拡がり、より大きな問題を解決でき、また、より大きな目標を達成できる仕組みとなるのです。

そうなればきっと、会社からより大きな自由と権限を与えてもらうこともできるようになっていきます。

私は、困ったときに助けてくれる社外協力者を、常に5人は持つようにしています。その5人からの支援依頼が来たときには、必ず受けるようにしています。

越川の内円の大きさの移り変わり

【新卒・日本の大手通信企業】

制度に守られて安定は手に入れられたが、外円の中にあって、内円は点。外円とのギャップが大きく、常にストレスの中で働いていた。

【外資系通信会社の日本法人】

日本企業にいたときより大きな自由と権限、そして責任を与えられるが、資金力や知名度などの課題も多く、コントロールできる領域は限定的。ただし成長の文化は醸成されやすい。

日本の大手通信会社

外資系通信会社

【自分で起業したベンチャー企業】

内円と外円はほぼ同じ大きさ。自分が経営者なので、さまざまなことがコントロール可能。しかし、リソース（経営資源）も知名度もほとんどゼロなので、「共鳴する人を増やす」ことや「社会への影響力」に限界を感じていた。

【日本マイクロソフト】

より大きな自由と権限、責任が与えられるようになり、内円の大きさは限りなく外円に近づいた。社会への影響力も大きい。ストレスもコントロールできている。しかし、マイクロソフトという看板があってのことなので、外れたときの脆弱《ぜいじゃく》さは理解している。それだけに頼らない働き方を意識している。

ベンチャー企業

日本マイクロソフト

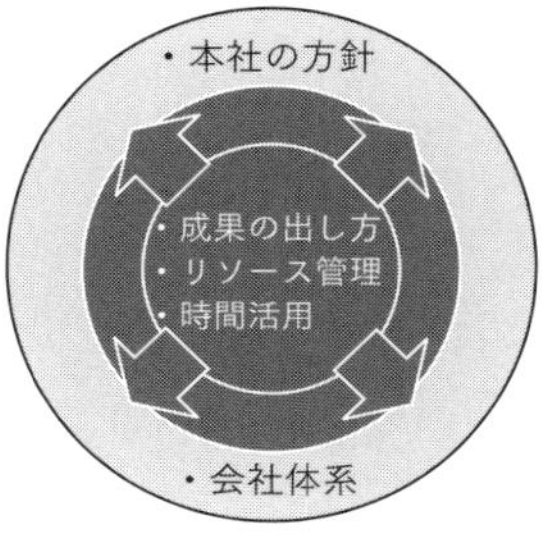

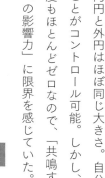

個人でもできる「ワークスタイル変革」

日本マイクロソフトのように、勤務時間も勤務場所も社員が自由に決められるという制度(テレワーク勤務制度)は、まだまだ日本で浸透していないのが現状です。それでも、自分でコントロールできない「外円」を大きくすることは無理だとしても、コントロールできる「内円」の中で自分なりに改善したり、また内円を広げて外円へ影響を与えたりすることはできます。

いま、自分でコントロールできる時間の中でも、より大きな成果を残せるように効果的に仕事をすることは可能なのです。それは、気構えや危機感など、意識の問題だけではありません。実際に時間を有効活用して、働き方を工夫することはできます。

参考までに、私の働き方を簡単に紹介しましょう。

まず心がけているのは、最高のパフォーマンスを発揮するため、常にベストの体調でいることです。十分な睡眠時間を確保し、適度な有酸素運動を定期的に行っています。

また、脳の働きが活性化する午前中に頭脳を使う仕事を集中させ、血糖値が落ちて能力が低下しそうな午前10時や午後3時に糖分やカフェインを適度に摂っています。肉体的な疲れが出

内円が重なる二重円

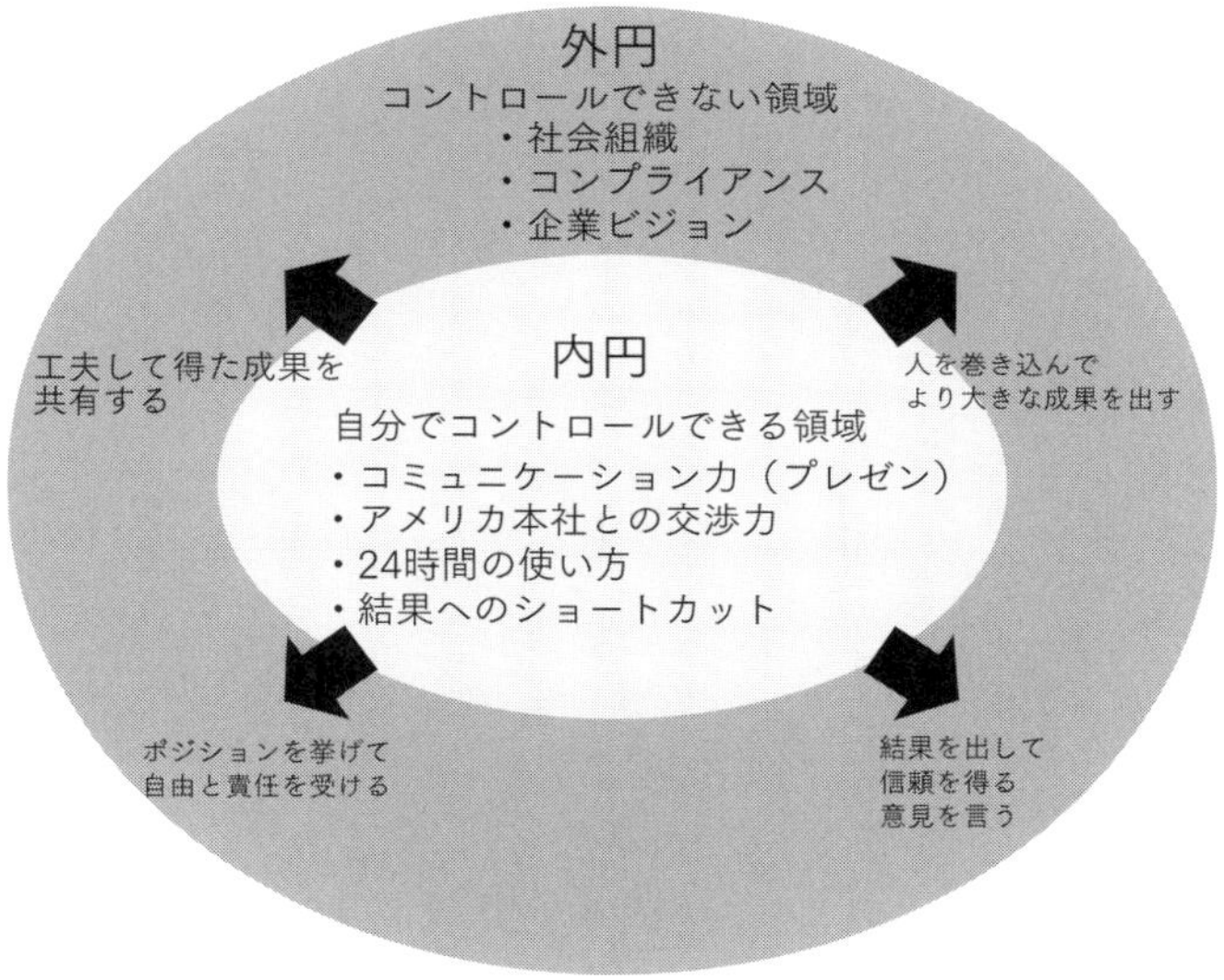

てくる夕方には、申請や承認処理などのルーティン作業を多めにする、という感じです。

斬新なアイデアを生み出すには、働く環境を変えて気分転換することも必要ですから、会社近くのカフェでプランを練ったり、顧客訪問後に近くのカラオケボックスでメンバーとオンライン会議(Skype for Business)をしながら企画書を仕上げたりすることもあります。

国内外の出張時には、自分でコントロールできる時間が多くなります。

現在は、シアトル郊外にあるアメリカ本社への訪問はもちろん、世界各地のイベントに参加することも多々あり、海外出張の多い職務です。1年間の移動距離が地球6周分くらいになったときもありました。海外へ行くことが目的ではなく、海外のメンバーを巻き込み、交渉を成功させて日本に帰国しなければなりません。時間と文化の壁を超え、限られた時間を有効に活用しつつ、しっかり準備をしてのぞまないといけません。

だから私は、この5年間というもの、空港で荷物を預けたことがありません。ロストバゲージ（荷物が出てこないトラブル）に直面するとインパクトが大きく、そのリスクを回避したいので、荷物はすべて機内に持ち込めるようにしています。空港や機内は、状況に応じて休む場所、もしくは機動力を持って働く場所と決めています。

また現地での機動力を増すために、必ず国際運転免許証を携行し、レンタカーを借りています。食事は、できる限り現地のメンバーと共にとるようにして、カジュアルな情報交換を心がけています。こういった小さな工夫と頑張りで、大きな成果をあげられるのです。これが私の「勝ちパターン」です。

一ヵ所に留まることが少ないため、必然的にモバイルワークも多くなります。国内で講演な

越川のワークスタイル／サンプル①国内滞在パターン

0:00	
1:00	
2:00	睡眠
3:00	
4:00	
5:00	
6:00	起床・介護
7:00	電話会議がなければ有酸素運動（水泳など）
8:00	パワーブレックファースト・読書→出社
9:00	本社メンバーと電話会議
10:00	外出、社外で講演（プレゼン）
11:00	↓
12:00	ランチミーティング
13:00	社外でメールチェック、必要に応じてメンバーとチャット
14:00	外出先からチームミーティングを主催
15:00	果糖補給、コーヒーを飲みながら社外で仕事
16:00	外出先（カフェ）から社内電話会議に参加
17:00	社外でパートナー企業との打ち合わせ
18:00	加圧トレーニング
19:00	食事（社外の方とネットワーキング）
20:00	↓
21:00	帰宅
22:00	入浴・家事・介護
23:00	一日の振り返り、読書
0:00	電話会議（なければ就寝）

①有酸素運動（水泳）
水泳（遠泳）は、関節を傷めずストレス解消になり、荷物が小さくて済むのもいい

②フリー・レイアウト
オフィスでは固定席がなく、どこに座ってもOK

③どこでもオフィス
外出先のカフェからオンライン会議に入ることも

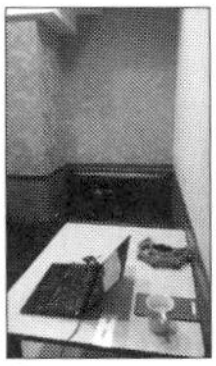

④カラオケBOXで？
防音で、ゆっくりオンライン会議に参加できる

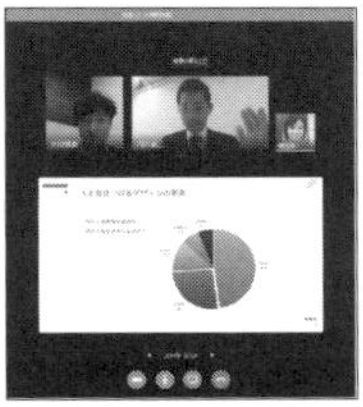

⑤オンライン会議って？
こんな感じ。資料を共有しながら意見交換など。実際の会議と近い感覚

どの依頼を受けたり、顧客やパートナー企業を訪問したりしながら、外出時の移動時間を効果的に利用しています。電車や飛行機などの移動中に寝てしまってはもったいないですから、前日はしっかり睡眠をとるようにしています。

講演先からそのまま空港に向かって海外出張に行くこともあります。その移動中も、タクシーの中でスマホでオンライン会議に参加することもありますし、空港でチームのメンバーと情報共有することもあります。

すべての資料やデータは安全にクラウドで保存してあるので、「いつでもどこでもどの端末でも」アクセスして活用することができます。

このようにして、国内外を飛び回る生活を送っている私ですが、なにか特別なエリートだということはありません。実は私は、大学受験に失敗して2浪していますし、もともとは英語が全然話せませんでした。時間をかけて、少しずつ自分の能力や活動のフィールドを広げてきたといっていいでしょう。それを考えれば、どんな人でも「アチーブモア」を実現していくことで、思いもよらない未来を手にできるはずだ、と思うのです。

まだ半信半疑の方もいるでしょうから、時間を遡《さかのぼ》って、もう少し私自身の話をさせていただきましょう。

越川のワークスタイル／サンプル②海外（シアトル本社）出張パターン

0:00	睡眠
1:00	
2:00	
3:00	
4:00	
5:00	起床
6:00	（緊急事態がなければ）有酸素運動（水泳）
7:00	朝食
8:00	出社、レンタカーでオフィスへ
9:00	打ち合わせ・交渉
10:00	移動
11:00	打ち合わせ・交渉
12:00	ランチミーティング（本社の重要メンバーと）
13:00	移動
14:00	本社会議に参加
15:00	日本から訪問した企業と打ち合わせ
16:00	↓
17:00	日本のメンバーと電話会議
18:00	レンタカーでスーパーマーケットに寄ってからホテルへ戻る
19:00	ジムへ行った後に食事
20:00	メールチェック
21:00	読書
22:00	一日の振り返り
23:00	就寝
0:00	

①機内でWi-Fiが……
移動時にも仕事ができてしまうのです。その分、着いたら楽します

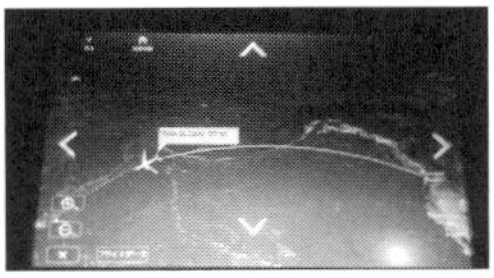

②荷物は少なめ
出張時のリスクを最小化するために、いつも預け荷物はなし、機内持ち込みのみ（ロストバゲージのリスクをなくす）

③どこでもオフィス
海外でもカフェで仕事をすることも

④空港で？
シアトル到着早々に、空港でオンライン会議に参加することも。ビジネスはスピードが命！

⑤レンタカー
海外出張時も機動力が重要。こんなスポーツカーのレンタカーに当たることも

すべてはスカッシュから始まった

私は、一卵性双生児としてこの世に生を受けました。残念ながら、もう一人は母のお腹の中で心臓が止まり、この世に誕生できませんでした。しかし、私の心臓は止まることなく、母はリスクを承知で私を生みました。その結果、妊娠中毒症（妊娠高血圧症候群）を患《わずら》い、母体に影響が残ってしまいました。

この母との生活が、まさに私のワークスタイルの根本にあります。リスクを背負ってでも前に出る勇気を母から受け継ぎました。

私は2浪しているといいましたが、実は高校受験にも失敗しています。第1志望の高校には内申点が足りず、確実といわれていた第2志望の高校に、ようやく滑《すべ》り込んだような状況でした。おまけに小学生から高校3年生まで、クラスで背がいちばん低く、そのことに劣等感を抱いてもいました。

幸いなことに足だけは誰よりも速く、いじめの対象になることもありませんでしたが、身体的にも学力的にも、自分の中では劣等生に近い状態でした。

おまけに、大学受験のときも志望校には合格できず、2浪してなんとか学習院大学の経済学

越川のワークスタイル／サンプル③顧客訪問からそのまま海外へ

0:00	シアトル本社と電話会議
1:00	就寝
2:00	睡
3:00	
4:00	眠
5:00	
6:00	起床
7:00	メールチェック
8:00	移動
9:00	近くのカフェで訪問前打ち合わせ
10:00	お客さま訪問
11:00	↓
12:00	空港へ移動

13:00	ラウンジから電話会議
14:00	
15:00	シアトルへ向けて出発
16:00	
17:00	
18:00	
19:00	
20:00	
21:00	
22:00	
23:00	10時間のフライトの後、午前8時に現地到着
0:00	レンタカーを借りて、そのまま本社オフィスへ直行

①タクシーで
移動中にオンライン会議に参加することも

②よくあること
深夜や早朝にアメリカ本社のメンバーとオンライン会議を設定したのに、ドタキャン……

③外部イベントでの講演
講演後に空港へ向かうことも

④空港ラウンジ
飛び立つ前に、しっかりメンバーたちと意識合わせ、情報共有

部に滑り込みました。受験はうまくいきませんでしたが、その時点ではもう、学歴と体格では競争することをあきらめて、「俊敏さ」という自分の強みを活かそうと頭を切り替えていました。ある意味での「割り切り」が生まれたのはこのときのことでした。

大学に入学すると、私は、スカッシュという室内ラケット競技を本格的に始めることにしました。大学から始めることの多いスカッシュ競技では、練習すればするほど技術が身につき、大会で勝ちやすくなります。この競技との出会いが、私の人生を変える最初のターニングポイントになりました。

入部したときは小さなサークルでしかなかったのですが、それを愛好会、同好会、そして体育会運動部にするという目標を持ったことが、私の大きなモチベーションにつながりました。心の片隅に、入りたくても入れなかった早稲田大学や慶應義塾大学といった一流大学の学生には絶対負けたくないという、鬱屈《うっくつ》した思いがあったことも否定できません。

当時、スカッシュのコートは、主に会員制スポーツクラブの中にしかありませんでした。体育会にしようと思ったところで、練習できるのはせいぜい週に2回。他大学との試合では、下に見られ、手を抜いたプレーをされていました。1年生後期で主将になった私は、この環境を何とかしなければチームは強くならない、と考えました。

　そこで、都内のスポーツクラブに片っ端から電話をかけることにしました。「毎朝、掃除をするからコートを無料で貸してほしい」「アルバイト要員を恒常的に出すので空いている時間にコートを貸してほしい」「会員さんが来たらヒッティングパートナー（打ち合いの相手）をするのでコートを貸してほしい」などと言って交渉した結果、1週間のうち6日間、練習ができる環境を整えることができたのです。そうして弱小サークルでしかなかったチームは、目標にしていた大学公認の運動部として認可され、体育会に加わることができました。

練習を重ね、やがて関東大会や全日本学生選手権大会（インカレ）でも、個人でメダルを取

大学時代に打ち込んだスカッシュ

れるような優秀な人材のいる大きな組織にまで成長しました。最終的に、大学卒業後に監督に就任してからは、全日本学生スカッシュ選手権大会団体戦で連続優勝するほどの強豪に育てることができました。

恵まれない環境の中で、自分を活かせる分野を見つけ、努力したことで、ちっぽけな私でもインパクトのある結果が残せた——そのことは、私にとって大きな自信につながりました。大学を卒業するころには、このスカッシュで得た経験を、社会人になっても活かしていこうと思えるまでになっていました。努力は必ず報われる。抱いた夢以上のものは実現できない。失敗が次の成功を生む。

主将である私は、チームを大きく成長させるだけでなく、一選手としても実績を出さないと大学から運動部の公認を受けられなかったため、朝から晩まで、そして週末にも練習し、アルバイトもスカッシュのコーチをしていました。その結果、各種の大会でメダルを獲得し、全日本選手権に出場したり、ユース日本代表となってシンガポールや香港などに海外遠征するなど、貴重な経験を積みました。また、外国人を相手に練習したことで、ある程度の英語力がつき、広い視点で世界を見る習慣を身につけることができました。こうした得難い経験を積むことができたのも、スカッシュをやっていたおかげです。

いつだって問題が起きるのが前提

スカッシュで得た経験が、私の視野を世界へと広げてくれました。社会に出たら世界をステージに、自分の得意分野でインパクトを残したい。その思いは、いまも変わらず持ち続けています。

社会人になってからすでに20年以上の月日が経ちました。詳しくは後述しますが、この間、新卒で入社した大手通信企業では、夜、オフィスに段ボールを敷いて寝るような働き方を強いられたり、転職した外資系企業が破産してしまったり、ベンチャーを興したものの出資企業が買収されてしまったりと、波瀾万丈《はらんばんじょう》ともいえる出来事がいくつも起きました。

その時々は翻弄され、右往左往《うおうさおう》しました。しかしそれらの体験も、過ぎ去ってみれば、「どこにいても、いつでも、変化というものは起きるのだから、常に問題が起こることを前提に生きていかなくてはならない」と気づかせてくれる学びの機会になりました。振り返ってみると、この間の体験が私にとっての2つ目のターニングポイントになった、と思います。

絶えず変化を恐れず、柔軟に自分を変えて適応してきました。それが、私がまがりなりにも日本マイクロソフトでさまざまな成果を残したことにつながっているのかもしれません。

ベンチャーを起業した経験があることから、ときどきフォーラムなどで起業を目指す方々とお話しする機会があります。その中には、会社をつくること自体が目的になってしまっているように感じられる方もいます。しかし、リソース（経営資源）もブランド力もほとんどないベンチャー企業は、さまざまな工夫や努力が継続的に必要になることを伝えるようにしています。会社をつくってからいかに成長させるか、という点に注力するべきなのです。

私のベンチャー時代は、少ないリソースで結果を出すために、みずからがやらなければいけない部分と人に任せる部分とを分けることを覚え、マーケットシェア・トップを取ることができました。米マイクロソフトから声をかけられたときも、潤沢《じゅんたく》にリソースがある企業であれば、私自身のベンチャーの経験を活かして、より大きな市場インパクトが出せるだろうという前向きな気持ちで、転職を決めました。

段ボールを敷いて寝ていた日本企業時代

さて、私が経験した４つの企業・職種の中で、いちばん厳しい労働状況だったのは、新卒で入社した日本の大手通信企業でした。年功序列でヒエラルキーも明確でしたから、部長が帰らなければ課長も、課長が帰らなければ係長も……という世界でした。当然、新卒最年少の私は、いちばん早く出社して、帰るのは最後という状態です。

特に社会人４年目で本社人事部に配属されてからはたいへんでした。守ってくれるはずの労働組合を外され、労働時間は留まるところを知らず、家に帰れない日が何日も続くような状況に陥《おちい》りました。

労務管理上、会社に泊まることは基本的には禁止されています。ですから、どんなに遅くなるからといっても、ベッドやソファーが用意されることはありません。しかし、通勤時間を考えると会社に泊まったほうがまだ肉体的に楽です。そこで、床の上に段ボールを敷いて寝ることにしました。段ボールは冬でも暖かく、床で寝ても腰を痛めることはありません。清掃員の方がその段ボールをゴミだと思って捨ててしまわないように、大きく「人事部　越川」と名前を書いて、自分の机の横に隠しておいていたものです。

いま思い返せば、劣悪な環境だったと思います。

当時の日本企業は、組織自体が家族のようなもので、全員の雇用を維持しようという考えがはびこっていました。だからこそヒエラルキーが重要でしたし、ロー・パフォーマーも切り捨てずにいたのです。

本社人事部に所属していた当時は、私もそれが当たり前のことと思っていました。雇用が維持されるだけでなく、自動昇格でしたから、上司の命令さえ聞いて、劣悪な労働環境も我慢さえしていれば出世が保証される――そんな考えにもとらわれていたのでしょう。

当然、そんな働き方をしていたのは私だけではありませんでした。中には心身共に健康を害する人間も出てきました。やがて、仲のいい同期が身体を壊して休職に追い込まれ、その姿を目の当たりにしたときに初めて、「なんとかしてこの状況を抜け出さなくてはいけない」と強く感じるようになりました。

当時、毎日3時間程度の睡眠で働き、休日出勤している私を、周囲は褒めて評価してくれました。しかし、あのころの私が誇れるのは「長時間労働だけ」。市場性のあるスキルがあったとはとうてい思えません。

そんな過酷な状況の中でも、少しでも権限を委譲してもらえるように、工夫をしていました。資料はワープロではなく「PowerPoint」を使うようにして、視覚的にわかりやすい資料を作成したり、コピー機での効率的な印刷の仕方を身につけたり、遠隔拠点との共同作業を提案して早く帰れるようなプロセスを提案したりすることも忘れませんでした。そのときに、小さな工夫の積み重ねが成果につながることを実感でき、この経験が、のちに起業したときの大きな支えとなりました。

そんな若い時代の経験があるからこそ、私はいま、「ワークスタイル変革」の重要性を誰よりも認識しています。「アチーブモア」の姿勢を維持しながら、モダンな働き方を実現し、快適な毎日を過ごすようになったのだと思います。

新聞で知った自分の会社の破産

大学時代、スカッシュで海外遠征を経験したこともあって、いつも頭の隅に、「もっとグローバルな世界で活躍したい」という気持ちがありました。折しも同世代のイチロー選手や中田英寿選手が小柄な体格であるにもかかわらず、海外で活躍していたことに大きな刺激を受けていました。

また、子どものころから、小さいながらもいくつも会社を立ち上げている父の姿に憧《あこが》れの気持ちを抱いていて、いずれ自分もその道をたどりたい、いつか起業するだろう、と思っていました。

そんなこともあって、日本企業在職中に外資系企業のスタートアップの話が来たとき、「大手安定企業で出世をしていくより、みずから市場をつくることのできる外資系企業で、自分の成長を肌で感じたい」と新しい環境に身を投じる選択をすることができました。そこに迷いはありませんでした。もちろん、家族や周りの友人たちからはずいぶん反対されましたが、一度きりの人生なのだから、後悔したくなかったのです。

ところが、そこに大きな誤算がありました。自分には外資系企業でも通用する英語力があると慢心していたのですが、いざ働くようになってみると、自分の英語がまったく通じません。

カジュアルな英会話ができること、TOEIC780点を取れることと、ビジネスで通じる英語を話せることはまったく別物でした。しかし、ここであきらめては、自分の可能性を縮めてしまうだけだと思い、睡眠時間を削り、NHKラジオ講座を何度も聞き返して一生懸命勉強することを開始しました。

最近、大学生など若者から、よく「ビジネスに英語は必要ですか?」という質問を受けます。そういうときは、「あなたのやりたいビジネスに英語は必要ですか?」と聞き返しています。グローバルな世界で活躍したいという目標がある私にとっては、英語が話せないことは論外でしたから、一生懸命勉強しましたし、途中で投げ出したりしませんでした。

英語が話せるようになったことで、確実に私の仕事の幅は広がり、働きがいも増していきました。英語は海外の人たちと意思疎通するツールであり、その習得を目的にすべきではありません。その英語を使って活躍することを目的とすべきです。

私にとっての英語学習は、あくまでもビジネスを実現するための手段のひとつです。だからいまでも、英語のプレゼンテーションやディベートの力を磨いて、より広範囲に海外のメンバーを巻き込んで自分のビジネス上の目標を達成するために、できる限り時間を見つけて勉強するようにしています。週末には、英会話学校でネイティブスピーカーと討論しています。「アチーブモア」のために必要なスキルは、個人が自分の裁量で身につけるべきだと考えているからです。

さて、話を戻します。

外資系企業で仕事をするうえで通用しなかったのは、英語だけではありませんでした。

新卒で入社した日本の大手通信企業で、寝る間も惜《お》しんで働いて身につけたビジネスに関する考え方や進め方は、日本独特のものでした。それらが外資系企業で通用することはなく、ゼロどころかマイナスからのスタートとなりました。

それまでに積み上げた、じっくりと時間をかけて確実な作業をする日本式のスタイルとはまったく異なる、「まずやる」「すぐに結果を出す」という外資の文化に馴染《なじ》めず、慣れるまで時間がかかりました。日本の大手通信企業出身ということで、「保守的で柔軟性に乏しい人」というレッテルを貼られてしまったこともありました。

日本の大手通信会社から転職したのはアメリカに本社のある外資系通信会社の日本法人。まさに「ザ・外資」という感じで、オフィスには非日本人があふれ、上司はオーストラリア人で、標準言語は英語です。日本でインターネットを普及させるビジネスを展開し、急成長を遂《と》げており、私自身も大きなやりがいを感じ、あらゆる意味で順風満帆《じゅんぷうまんぱん》であると感じていました。入社当初は通じなかった英語も、睡眠時間を削って勉強したことで、なんとかビジネスで通じるくらいまでは話せるようになりました。

しかし、ある日突然、アメリカの本社が破産し、潰《つぶ》れてしまったのです。おまけにそれを知ったのが、会社に向かう電車の中で目にした新聞の一面記事だったという、なんとも言いがたい経験をすることとなりました。

この事件は、私に、会社に依存し続けることの厳しさを痛感させることになりました。これがきっかけとなって、会社に依存するのではなく、自分で会社を立ち上げようと、有志を募って、オンライン会議クラウドサービスを展開するITベンチャーを起業することになりました。

ベンチャー起業の理想と現実

　ベンチャーを起業したものの、大きな企業の看板なしに働くのは自分としては初めてのことでした。とても不安でした。レンタルオフィスに突然入室できなくなる、インターネットが突然接続できなくなるといったような、日々起こる事件に対処し、肉体的にも精神的にも厳しい時期でした。

　しかし、人間には、不安を感じると生き抜こうとする本能なりＤＮＡが備わっていると信じています。リスクに直面したり、不安を抱いたりすることで、かえって強くなれる、というのが私の考えです。さらに私には、リスクを負って生んでくれた母と、さまざまなベンチャーを立ち上げてきた父の強力なＤＮＡが備わっていたので、不安定さに苦しむよりも、少しずつビジネスの成長を前向きに楽しむことができるようになりました。

　カネもない、人脈もない私にできることといったら、自分の熱い想いを語ることだけ。その内容に共鳴してくれる人を増やすことに労力を割いていきました。ヒト・モノ・カネありきで何かを生み出すのではなく、ゼロの状態で自分の価値を考えるのが、当時の私の経営者としての理念だったのです。

不安ではありましたが、それまでの経験から、自分のコミュニケーション能力やプレゼン能力の高さに自信があったので、それを活かして、自分がいいと信じる商品の魅力を周りに伝えていきました。最初のうちは、「10分でもいいから」と言って、機会があるたび、あちこちの講演に顔を出しては商品のプレゼンをしていました。そうこうしているうちに、私の講演を聞いてくれた方々がリピーターとなって何度も講演の機会を提供してくれて、ビジネスチャンスが広がっていったのです。

とはいえ、起業当初は、もちろんリソースも不足していました。その穴を埋めるためには、営業も経理もマーケティングも情報システムも人事も、すべての実務を自分でやらなくてはなりません。一日24時間という限られた時間の中で、どのようにプライオリティ（優先順位）をつけて仕事を進めるべきかを常に考えていました。

最初のころは、なんとかビジネスを成功させようと意気込んでいたこともあって、食事や睡眠の時間を削って仕事をしていた時期もありました。しかし、それが原因で十二指腸潰瘍《かいよう》を患い、結局、思うように働けなくなるという苦い経験もしました。

この病気が、私の働き方を見直すきっかけになりました。それ以降、仕事を「ショートカット」したり、「スマートに」時間を使ったりすることを心がけるようになったのです。

従業員の数が増えてからは、人に任せて大丈夫なことと、私がやらなくてはならないことを見極めて、仕事を進めるようになりました。そうすることで、「ここぞ」というときにアクセルを踏む余裕が生まれ、「アチーブモア」の働き方ができるようになったと思います。いまの私の時間の使い方や、人に任せるという思い切りは、この時代に身につけたものだといってもいいでしょう。

ゼロからスタートしたビジネスが、少しずつ自分の思い描いていた形に近づき、どんどん伸びていくことに、私はいつしか大きな充実感を覚えていました。夢は広がります。

ところがその矢先――。私のベンチャー企業に出資してくれていたアメリカ企業が買収されてしまうという事件が起きました。その後、そのベンチャーは幕を閉じました。別の会社に移管する形をとって従業員たちの雇用を守ることはできたものの、私は責任をとってこの事業から退《しりぞ》くことを決心します。

自分が全身全霊で取り組んだビジネスがなくなってしまうことに呆然《ぼうぜん》としましたが、一方で、これ以上スケールアップして日本市場全体に大きく影響を及ぼすことに限界も感じていました。失望に時間を費やしていてはもったいない、より大きなインパクトを残すために自分の価値をどう高めていくべきか前向きに悩みました。

そんな中、米マイクロソフト本社とグーグル本社、そして日本のIT企業からオファーがありました。

当時、米マイクロソフトは、私がベンチャーで手がけていたオンライン会議サービスを強化し、日本を含めた世界市場で広く展開するための担当者を探していました。私は、自分の経験を活かせるだけでなく、長年思い描いていたグローバルなステージで、市場インパクトのあるビジネスに挑戦できると、米マイクロソフトへの転職を決めました。2005年7月のことでした。

私のマイクロソフトでの歴史は、このようにしていまからおよそ11年前、一製品のビジネス開発担当からスタートしたのです。米マイクロソフト本社籍で採用された私でしたが、のちに日本法人（現在の日本マイクロソフト株式会社）に転籍することになりました。

外資系企業で求められる力

ここまで駆け足で、「ごく平凡な日本人で、飛び抜けた才能や能力があるとは決していえない私」が、日本の大手通信会社、外資の通信会社、ベンチャー、そしてマイクロソフトと、多

企業の4フィールド

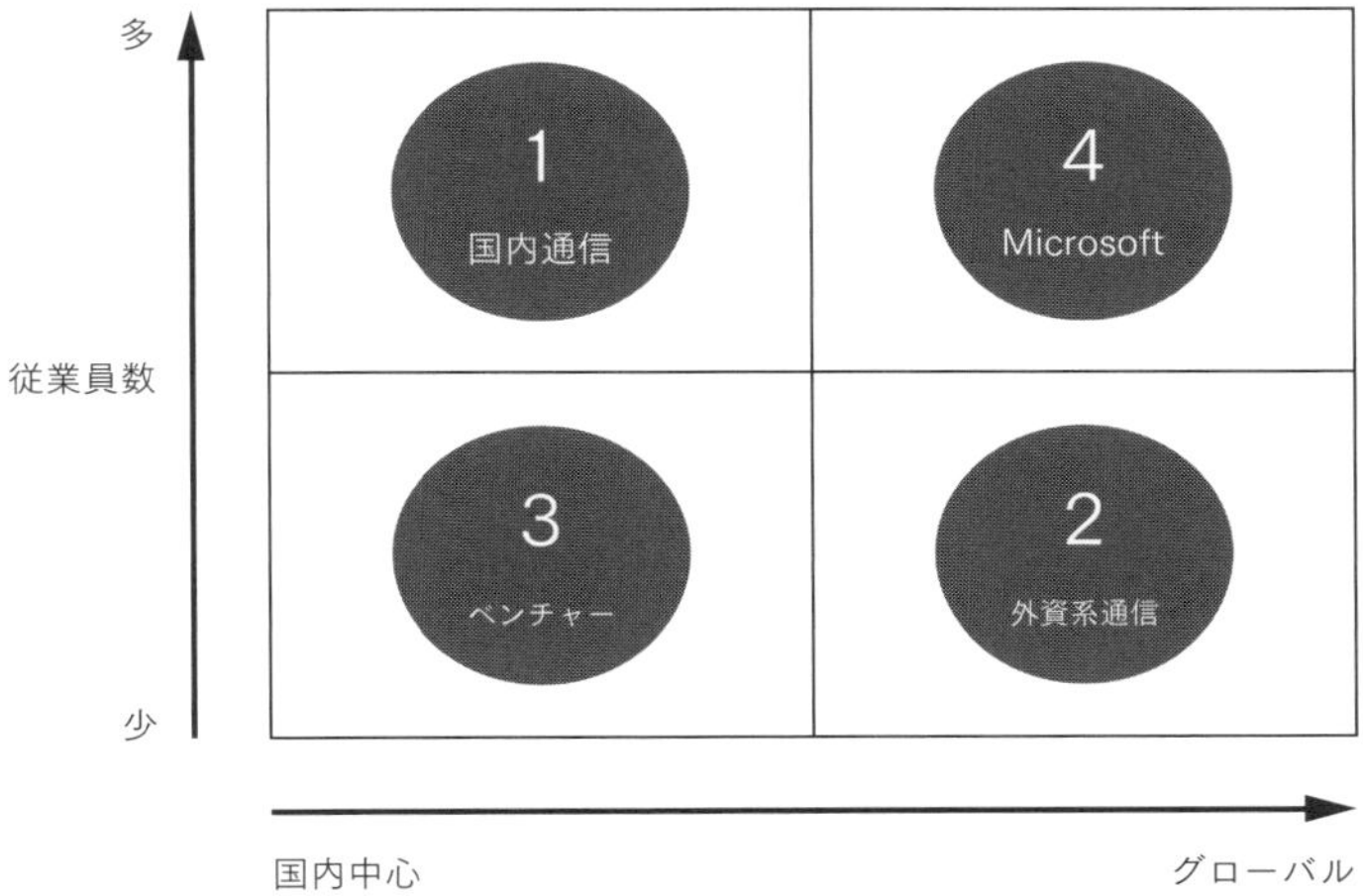

種多様な会社で働いてきた経験について話してきました。

私のこの経験を図に表すと、上のようになります。

縦軸を従業員数、横軸を国内、グローバルとしたときに、大きく4つのフィールドに分かれます。このように図にすることで、改めて自分のいまいる位置を俯《ふ》瞰《かん》して見られるようになります。読者のみなさんも、このいずれかのカテゴリーの会社に働いているはずです。

日本マイクロソフトは、この図でいえば、右上寄りに位置しているといえます。この位置にあるグローバル企業の場合、労働時間ではなく、パフォーマンス＝成果が問われます。それも、期待以上の成果が出て初めて評価されるという、厳しいことこのうえない環境です。

しかし、この「期待以上の成果」こそが「アチーブモア」、より多くの成果ですから、そのために常に考えたり工夫したりしています。

グローバルで通用する働き方

ベンチャーから外資系企業に移ることで、私の意識は変わりました。

ベンチャーと違い、マイクロソフトのような大企業では、大きな組織の力をうまく活用することができます。優秀なチームメンバーと協働したり、よい刺激を受けたり、自社ツールを駆《く》使《し》して作業を効率化したり、組織でたまったナレッジや既存の仕組みを再利用したり……。

中でも効果が大きいのは、やはり「企業の知名度・信頼度」でした。

ベンチャー時代には企業への訪問アポさえ取れなかったし、アポが取れても、まずは会社の説明から始めなくてはなりませんでした。ところが、マイクロソフトの名前があれば、会社の方向性を説明することはあっても、企業概要を説明する必要はほとんどありません。財務基盤を元に、企業の安定性はすでに知られています。また、リソースへの投資も大きく、規模の経済を利かせやすく、ベンチャーではできない「市場へのインパクト」を残すことができます。マーケティング予算も、ベンチャーキャピタルや出資会社へ足を運んで説明する必要はなく、毎年アメリカ本社から提供されます。このような豊富なリソースがあると、よりインテリジェントな仕事に多くの時間を費やすことができるので、精神的にも安定します。

一方で、大企業ならではのヒエラルキーや組織間の壁を感じることもありますし、安定性と表裏一体の内向き志向、実行スピードの低下というリスクもあります。ベンチャー時代とはまた違った、強い意志と情熱が必要だと感じました。

働く環境においては、外資系企業のほうが「短時間で仕事をこなす人はクール（かっこいい）」という認識がある点は素晴らしいことです。台風のときに3時間かけて出社して、その苦労を褒められる日本企業よりも、リスクを避けて在宅勤務するほうが効率的だとする外資のほうが決定的に働きやすいといえます。

前に述べたように、熟練工のように長時間かけてスキルを身につけさせる仕組みとしては、日本企業の三大ユニーク雇用制度（終身雇用、年功序列、企業内組合）は適しているといえます。しかし、市場の変化に迅速《じんそく》に対応する必要がある時代には、現場に自由と責任を与え、効率的に成果を残す仕組みを備えている外資系企業のほうが、個人も成長しやすいのではないかと思います。

人生観を変えた品質改善担当という仕事

マイクロソフトに転職当時、一製品担当だった私は、その後、日本マイクロソフトで複数の製品を担当するようになりました。仕事は簡単ではなく、アメリカ本社への対応に悩み、転職を考えた時期があります。

そんな折、当時社長であった樋口から、インスタントメッセージでチーフクオリティーオフィサー（最高品質責任者）への就任を打診されました。「品質」というくらいだから、てっきり開発中のソフトウェアのバグ（不具合）を減らしたり、不具合が起きない開発手法を研究したりする役職だと思い込んでいました。しかし実際には、アメリカ本社で開発され、日本で展開している製品やサービスに不具合があった場合に対応するという、「クリティカルな問題を解決する」職務だったのです。

ソフトウェアやクラウドサービスでは不具合が起きることもあります。そのたびにお客さまを訪問して、発生原因と再発防止策を説明し、引き続き安心して製品およびサービスを利用してもらうようにするのが私の仕事になりました。煙が立っているどころか、火柱が上がっているような厳しい現場へ身を投じるわけですが、いま思うと、そこから逃げずに対応した経験は、その後の私の大きな財産になっています。その厳しい現場で、上司であった樋口や、上級役員、関連メンバーが強力にサポートしてくれたことは一生忘れられないものになりました。問題が解決したあとに、お客さまから握手を求められたことも絶対に忘れません。

品質改善担当になった当初は、精神的にも未熟で、お客さま訪問の直前にファストフード店でコーヒーを飲む手の震えが止まらなかったり、深夜に突然目を覚ましてしまったりするようなこともしばしばありました。しかし、お客さまの指摘は決まって正しいものですし、「マイクロソフトだから」と製品や会社への期待を抱いていてくださるからこそ、怒ったり改善を求めたりされる。それはしごく当然だということが、日を追うごとに理解できるようになっていきました。

そこから、「お客さまのために何とか解決したい」という私のモチベーションが生まれていったといえます。決して、「製品仕様だから」という安易な回答を伝えたりせず、本気で発生原因を追究し、失敗から得た学びを再発防止策に含めることに注力しました。

製品やサービスを開発し、運用しているのはアメリカ・シアトル郊外にある本社のエンジニアです。そのため、問題の解決に本社まで直接交渉に出かけることもしばしばありました。

幸せなことに、私は当時社長だった樋口からある程度の「自由」と「責任」を与えられていたため、お客さまの訪問が終わったその足で空港へ向かい、シアトルの本社に飛ぶことも少なくありませんでした。そのためにいつも鞄の中には、パスポート、国際運転免許証、替えの下着を入れていたくらいです。アメリカ本社の回答に満足できず、オペレーションをしていたニューヨークまで飛んで、現地のスタッフを巻き込んで発生原因を追究してきたこともあります。

当時は、1年に地球を6周以上飛び回って、世界各地の責任者を巻き込んで問題解決に臨んでいました。日本のお客さまのもとへ足を運んで品質改善のご説明をしたのは、3年間で実に568回。品質改善担当になったことは、お客さま指向という考え方を身につけるとともに、自分の給料がお客さまからいただいているものだということを本当の意味で理解するよい機会にもなっていきました。

トラブル対応ですから、謝罪訪問においては、理不尽な出来事も少なくありません。それらは常に、自分の外側で起きているといえます。真に受けてしまうと、自分の中で処理不能となり、時として思い悩んだり、眠れなくなったりという状況に陥ることもあります。しかしそれは、あくまでも私の中、内円にある「正しい／正しくない」「良い／悪い」という評価基準に基づいて、それを上回れば「Good」、下回れば「Bad」という勝手な解釈をしているにすぎません。

となれば、この「コントロールできない人」たちの評価に振り回されるのではなく、自分にコントロールできる領域で己を評価すればいいと気づいたのです。そうこうしているうちに、いい意味での鈍感力も身についてきて、いつしか謝罪訪問も苦ではなくなっていきました。

アメリカ本社での交渉時には、担当者を説得するために、英語の表現方法はもちろん、ロジックの組み立て方や資料のつくり方だけでなく、交渉相手のバックグラウンドや趣味嗜好に至るまで、事前にしっかり把握し、効果的なコミュニケーションをするよう徹底しました。毎日が「アチーブモア」の体験の連続でした。そして、そのときの経験は、間違いなくいまのビジネスに生きています。

私は、ビジネスの根幹は「人を思い通りに動かすこと」だと考えています。日本のお客さまに対しても、アメリカ本社の役員に対しても、私の要望を理解してもらうためには、ロジックと情熱、加えてその人を納得させるための根拠とストーリーに基づいた説得方法が必要です。つまり、人を巻き込んで動かすことが、問題解決に向けて前へ進むための最良の方法なのです。

私は文系の出身で、そもそも数字にはあまり強くありませんが、ビジネスを進めるにあたって、数字こそが共通のグローバル言語であることに気づいたのも、品質改善担当のときのことでした。それからは英語以上に、たとえば市場調査データや財務諸表の見方などを勉強し、常に数字を用いてコミュニケーションをとるようになりました。これも私の「アチーブモア」だといえるでしょう。

このようなアピールが、徐々にアメリカ本社に受け入れられるようになっていきました。その結果、現地法人の社員として本社の役員会議に唯一参加が許され、現場で起きている諸問題について発言させてもらえるようになり、日本での改善内容が世界標準として展開されるようになったといえます。また本社からの要請で、本社へ短期赴任して品質改善プロジェクトにメンバーとして参画することもできました。

また、周りの関係者を元気づけるために、笑顔で前を向いて問題に取り組むように心がけました。そのうちに、次々と課題に対処していくことに喜びすら感じるようになり、営業担当やパートナー企業から感謝されるまでになりました。

さまざまなコミュニケーションスキルを学べたという意味では、品質改善担当の3年間はとても貴重な時間であり、自分にとって最大のターニングポイントだったと捉えています。結果としてコミュニケーションの重要性に気づき、よいコミュニケーションを実践できるようになったから、いまの自分があります。厳しい現場を体験すればするほど、自分の成長を認識でき、働きがいを感じることができるようになるのです。

自分の成長を自分で確かめる

現在の働き方を実現することで得られた喜びのひとつは、自分の成長を自分で評価できる、ということです。実は、この自己評価はとても重要な意味を持ちます。なぜなら、第三者の評価は正当でないことがあるからです。その評価に振り回されると、「こんなに成果を残したのに評価してもらえない」というネガティブなスパイラルに陥ることになってしまいます。ですから、自分がコントロールできる領域、内円の中に常に評価軸を持つことが大切です。

逆に、この評価軸を自分のコントロールできない外円、つまり他人が決める領域に置いてしまうと、内円との間にギャップが生じて、ストレスや不満という形となって表れてしまいます。常に、「この人に評価されるためにはどうしたらよいか」を意識していなければならないのですから、ストレスは増す一方です。

しかも、会社や上司、部署などの環境、つまり外円は常に変わることが前提です。そこが変われば、評価も変わります。昨日までよしとされていたことが、今日からは通用しないということだって、多かれ少なかれ起こりえます。そんなことに振り回されて右往左往するより、自分の働き方や成果を自分で評価することのほうが、ずっと健全で、高いモチベーションにつながっていくのではないでしょうか。

もちろん、会社から表彰されたり、トロフィーを手にしたりすることはとてもうれしい。しかし、働きがいを感じたり、自分の思い描いた通りに事が進んで成果につながったりしたほうがもっとうれしいと感じるから、素直に自分で自分を認めて、必ず自分にご褒美《ほうび》を与えるようにしています。たとえば、思い通りにプレゼンができたり、目標の売り上げを達成できたりしたときには、普段は控えている甘い物を食べたり、出張のときに自費でホテルをグレードアップして週末を楽しんだりといった「プチご褒美」を自分に贈っています。

かつての私は、いまよりずっとストイックで、「成長のためには自分を甘やかしてはいけない」と考えていました。しかし最近では、自分を褒めたり、認めたり、時には甘やかしたりするような内面的なことが幸せを感じるうえで大切なのではないか、と思えるようになってきました。それは、自分が考えているより、自己満足が私の原動力になっていることを理解したからです。

仕事をすること自体が苦行であってはならない。仕事をすることで成果を残して幸せを感じることを意識するようになりました。

そして、自己評価をするようになってからはストレス耐性も強くなり、ソーシャルネットワーキングサービス（ＳＮＳ）で非難めいたことを書き込まれたり、周りから意見されたりしても、真に受けて凹《へこ》んだりするようなことはなくなりました。これも、謝罪訪問の経験が功《こう》を奏《そう》しているのだと思います。

多くの日本人は、他人の目や評価を気にして、翻弄《ほんろう》され、往々にして自分が何をすべきか見失い、混乱してしまいがちです。一方で、ほとんどの人は、生きていくうえで自分がいちばんかわいいから、すべてが同じ意見、考え方になるはずもありません。そう割り切っていれば、気持ちも楽になるし、怒ることも少なくなるでしょう。まして、評価軸は自分の中にあるのだから、他人の評価はもとより、出世や給料の多い／少ないなどといった外部要因にも一喜一憂《いっきいちゆう》することはなくなっていきます。

実際に、どんな環境にあっても、不満もあれば、不安もあります。その原因は多くの場合、「コントロールできる部分」と「できない部分」の区別がついていないことにあります。価値観の異なる人を否定したところで何の解決にもならないし、そういう人たちと一緒に仕事をすればストレスは溜まる一方です。そうならないためにも、評価を自分の内円、コントロールできる領域に持ってきて、考え方も働き方もシフトしていけばいいのです。

私も役員の立場になってからは、日々、判断を求められることが増えました。そのときに、会社や他人からの評価だけで判断すると、迷ったりぶれたりしてしまいがちです。判断を間違えると、周りに悪影響を与えてしまうこともあります。だから、そうならないためにまず、自分の決断軸が会社の方向性と合致《がっち》しているかを常に意識するようにしています。

高いポジションは意外に楽しい

近年の内需の減少、国際競争力の低下を鑑《かんが》みると、これまで通り長時間労働をしても通用しないことは明らかです。労働力の削減は致し方ありません。これまで年功序列で、「会社をクビにさえならなければいい」と思っていた人も、正規雇用だからといってうかうかしてはいられないのです。

年功序列制度、終身雇用制度はいまや制度疲労で衰退の一途を辿《たど》り、経済格差も徐々に広がり始めています。その結果、自分を磨いたり、健康を維持したりする時間も制約され、パフォーマンスをあげにくくなっているように感じます。また、それに気づいたとしても、自分が変わらなくては、いまの日本の社会システムや評価制度で這《は》い上がることは難しいといえます。

おまけにこれからは、社会システムも評価制度も、外部環境も、より自律的に成果を残す方向に向かって変化していくことが予測できます。年功序列制度、終身雇用制度の上に「だいじょうぶ」とあぐらをかいていた人間が、「だいじょうぶ」ではなくなる時代はすぐそこまで来ているのです。

時代が刻々と変化し、環境も自分も変化していく中で、数々のハードルを乗り越えるためには、自分の仕事に対する満足度や充実感、周りからの理解が大きな役割を果たします。それらを獲得するためには、常に工夫しながら成果をあげていくというマインドを持って仕事をするべきであるし、それができれば、より高い満足感や働きがいを得ることへとつながっていきます。

いつの間にか私の周りにも、社内外を問わず、同じような考えの仲間が集まり、切磋琢磨《せっさたくま》するようになりました。社内外でさまざまな工夫をしながら成果を残している仲間に刺激を受け、自分のモチベーションがより高まっていくことを感じています。

ポジションが上になるほどモチベーションが高まるのは、各企業のイノベーター、尊敬すべきリーダーに接するなど、前向きな他者の刺激を受ける機会が多くなっているからでしょう。時折、昇進すると責任とプレッシャーが増してたいへんだから、背伸びしてまで上のポジションにいきたくない、と言う人を見かけます。しかし実は、上位ポジションにいるほうがポジティブな刺激を受ける機会が増えて「意外に楽しい」のです。

イノベーターを目指そう

いま、「イノベーター」という言葉を使いました。彼・彼女たちは、変わることを恐れずに前に進んでいく変革者です。そして、その次に来る波、アーリーアダプター（早期導入者）に影響を与えるといわれています。つまり、イノベーターが変革を起こすと、彼らに連なるアーリーアダプターたちはその変革をただちに導入しようとするのです。そして、その変革がやがて、マジョリティ（大多数）へと広がっていきます。

これこそが変革における「3つの波」です。

だからこそ、企業はイノベーター、アーリーアダプターたちを積極的に支援して、利益を出しながら変革を進める態勢が必要になるといえます。

自分自身イノベーターでありたいし、アーリーアダプターによい影響を与えていきたいと考えています。

決して裕福とはいえない家庭で育ち、大学受験に何度も失敗していたころの私には、「工夫すれば成果を残せる」などということは、考えも及ばないことでした。しかし、こうしていろいろ工夫しながらコミュニケーションスキルを身につけたいまでは、偉大な企業リーダーとも話し合える立場になりました。

たとえば、ローソンでさまざまな改革を成功させた手腕を買われてサントリーに移られた新浪剛史社長、日本コカ・コーラ社長、会長を歴任後、資生堂の歴史上初めての外部出身社長となった魚谷雅彦社長などがそうです。お目にかかってお話を伺うたびに、そのメッセージに、経営者として重ねてきた苦労の重みを感じます。

彼らに共通するのは、若いころから企業経営に携わり、その企業に変革をもたらし、かつ、常に伸びようという姿勢（achieve more）を貫き、幾多の抵抗勢力と戦ってきた点です。

イノベーターと呼ばれるプロの経営者と日々のビジネスで接し、そのマインドを学べる環境にいられることに深い感謝の念を覚えずにはいられません。より広い俯瞰《ふかん》的な視点で市場や自社を把握し、その根本的な問題点と改善ポイントを明確にし、すぐに行動に移す——こういった変革は、社内外の多くの関係者を巻き込みながら進める必要があるので、プロの経営者のEQ（Emotional Intelligence Quotient、心の知能指数）の高さが功を奏します。自分や他者の感情を知覚し、話し合いの空気感を読みながら、自分のハートの熱さ、情熱で他者を魅了しつつ惹《ひ》きつけていく。「この人のためなら」と他者に思わせるほどの人間的な器の大きさで、自身のビジョンや信念を深く理解させて、人を動かしていくのです。

私自身は、日本マイクロソフト社長、会長を歴任してきた樋口泰行と一緒に仕事をする機会が多く、これまで大きな影響を受けてきました。樋口は、日本ヒューレット・パッカード、産業再生機構の支援で再建中であったダイエーを経て、現社の経営に加わっています。

チーフクオリティーオフィサー（最高品質責任者）を務めていたときは、多くのトラブルに遭遇し、逃げ出したくなるときもありました。しかし、お客さまのため、会社のため、当時社長だった樋口のため……と思って、全力で対応することができました。

また社外でも、前出の新浪社長や魚谷社長に限らず、多くのビジネスパーソンと触れ合う機会があり、EQの高い人物に会ってよい刺激を受けて、「この人のために」「この人と一緒に」と思いながら、「アチーブモア」の姿勢であらゆることに挑んできました。

より大きなことを実現するには、多くの人を巻き込み、ビジョンと方向性を共有し、課題を解決していくことが必要になります。これまで組織の改革を進め、会社の文化、社員の意識を変え、手段としての働き方も変革してきたプロ経営者やプロフェッショナルなビジネスマンから直接薫陶《くんとう》を受けたり、一緒に「アチーブモア」への挑戦ができたりするのは実に幸せなことです。

いまでは、ひとつステージが上がるごとに、より大きな世界への門戸が開かれていることがわかってきました。卑屈《ひくつ》な考えを持っていた過去の自分が少し残念にも思えてきます。「アチーブモア」に終わりはないし、どこまでも上を目指していいのです。その姿勢が、「ワークスタイル変革」へとつながるイノベーションの第一歩となります。

SESSION-4

そしていま、私のモダンな働き方

日々の仕事をショートカットする

私の日々の業務の中には、部下からの見積もりや企画書などの承認、決裁などがかなりの割合で含まれています。しかし、それらをすべて隅から隅まで入念に確認していたら、それだけで私の一日は終わってしまいます。ベンチャー時代に身につけた、日々の仕事をどうショートカットするかは、私のワークスタイルの肝《きも》です。ですから部下を信じて、時にはリスクを恐れず、勇気をもって承認ボタンを押すこともあります。

資料を30分見て判断するより、5分で承認したほうが、部下はすぐに次の作業に入ることができ、結果的に効率的になります。もちろん、決断を下すためには多くの情報があるに越したことはありませんが、私の経験上、１００％の情報で下す決断と70％の情報で下す決断とでは、意外に結果は変わらないものです。

それならば、5分でスマートに承認すれば、自分自身も残りの25分をほかの作業に充《あ》てられると考えるのが私のスタイルです。

「１００％情報を集めてからでないと不安」と思われるかもしれません。しかし、実際には、部下から受ける定期的な報告の中で流れは理解できているものです。ですから、それほど躊躇《ちゅうちょ》することはありません。そうやって部下を信用して承認ボタンを押すことは、私にとって最も効率的なショートカットのひとつだといえます。

そこでもし、何かトラブルが発生したときは、私が責任を負えばいい。私の評価軸の中で、失敗のリスクよりスピードを優先しているだけのことです。もしそこに間違いが見つかれば、決裁書類をつくった部下には是正、改善を求めるし、私の判断軸も見直すことになります。なぜなら、「ロール・アンド・レスポンシビリティ（職務と責任）」という観点でいえば、責任をとるのは上司である私、だからです。

私には会社から自由と権限が与えられているので、それに見合う責任も引き受ける。ある意味、ギブ・アンド・テイクともいえます。

日本のユニークさを海外に広める

「ダイバーシティ（多様性）」という言葉を耳にする機会が増えました。もちろん、多様な人材を活用するという意味です。私が、年に地球を5～6周するほど飛行機に乗る目的のほとんどは、アメリカ・シアトル郊外のマイクロソフト本社に出かけることです。本社でのディスカッションの場で、右にブラジル人、左にインド人が座っているというような光景はもはや当たり前のものになっています。文化や政治、民族など、まったく異なるバックグラウンドを持つ人たちが、ひとつのトピックを話し合う場にいることで、改めてグローバルビジネスの素晴らしさを認識する日々です。

マイクロソフトのCEOは、ビル・ゲイツからスティーブ・バルマー、そして2014年にサティア・ナデラに替わりました。サティアはインドで生まれ育っているから、まさにダイバーシティの代表、多様性のトップともいえる人物です。

そのサティアがトップになってからというもの、マイクロソフトがソフトウェア企業からクラウドサービス企業へと大きく舵《かじ》を切っていることを、アメリカに行くたびに実感します。

CEO就任前のサティアと仕事をする機会がありましたが、当時からリスクを負って前に進める人でした。マイクロソフトが提供するクラウドサービスの設備であるデータセンターを日本に設置すると決めたのはサティアであり、多額の投資の意思決定が即座に行われました。

彼の就任前にも、毎月のように日本設置を提案していたにもかかわらず、2年半もの間、YesともNoとも判断されないまま先延ばしにされ、時間だけが過ぎていました。ところがサティアは就任早々、45分の会議であっという間に日本への投資を決めたのです。

彼がその際に発した言葉、「Go Local（もっと世界各地の状況を把握してグローバルビジネスを展開していこう）」は、私にとって一生忘れられないフレーズになっています。

マイクロソフト本社での会議に参加するたび、役員たちがグローバルビジネスをどう伸ばそうとしているかがよく理解できます。会社にとって「日本」は単なる一エリアに過ぎません。私も、日本の事情だけを考えることは許されません。だから、たとえ日本で起きた問題であったとしても、アメリカもイギリスもロシアもブラジルも中国もインドもと、〝面〟で考え、攻めていく必要があります。日本での対応をプッシュすることで、世界にもどのくらいのインパクトを与えられるかを絵に描いてみせるのです。

そのようにして、グローバルビジネスの中で日本をどう見せるかも重要ですが、一方で、日本のユニークな部分を海外に輸出することにもとても価値があります。

日本では、「ユニーク」というと、突出した、周りと協調できないというような、あまりよくないイメージを持たれがちですが、海外においてユニークは、何よりの褒《ほ》め言葉になります。そして、日本のユニークさをアピールし、それをグローバルスタンダードにすることが、私のメインミッションでもありました。

日本の顧客が納得する品質であれば、そのマイクロソフトの製品は世界でも通用します。いまや、日本品質がグローバルスタンダードであることは認められつつあるのです。しかし、日本品質がグローバルスタンダードとして世界に生き残るためには、日本の文化や製品だけでなく、日本人のユニークさをもっと打ち出してもいいかもしれない、と私は思います。

そこで私が感じた、世界に通じる日本人のユニークな点をあげると、次のようなものが考えられます。

・**約束したことをやる**――日本では当たり前だが、これを徹底できれば優位になる。決められた時間ぴったりに会議が始まるのは日本ならでは。
・**勤勉さ**――労働時間（残業や休日勤務）ではなく、高いモラルを持ちながら、確実に職務を遂行《すいこう》すること、手を抜かないこと。ごまかさない真面目さ。
・**こだわりへの追求・差別化できる品質**――新たなニーズを巻き起こすほどの飛び抜けた品質やこだわり。安全基準や緻密さ、技術水準。
・**忍耐強く努力する能力**――ストレスを溜めすぎるのはよくないので、適度な息抜きは必要だが、具体的な目標を持ってそれに向かって突き進む能力は国際競争力があると信じている（リオデジャネイロオリンピックで実感した）。

この中に、日本が世界で生き残るためのヒントが隠されているかもしれません。

アメリカ人のタフな働き方を見習う

アメリカ本土には4つのタイムゾーン（時間帯）があり、東海岸と西海岸との間で、最大約3時間の時差があります。ですから、国内を移動するにも体力が必要になります。アメリカのビジネスマンたちは、それを当たり前のようにこなすタフさを備えています。時間の使い方もきわめて効率的です。

私は体力で勝るタイプではないから、一日をどうショートカットするかを常に考えています。日本人的な考え方だと、ショートカットというと手抜きなどと悪い方向に捉えられそうですが、実は力を入れる部分が明確であるからこそ、不要なプロセスを省《はぶ》き、効率化することができるのです。

かつて、アメリカ本社の上級役員に1週間シャドーイング（影のようにくっついて行動すること）をした経験があります。ショートカットの名人でありながら、見事なまでに成果を残していたことが印象的でした。

アメリカの上級役員たちは、家の近くの公園をランニングしたり、ジムで泳いだりしてから出社し、頭の冴《さ》えた状態で朝から会議に臨んでいます。時には、早朝に朝食をとりながらミーティングを行う「パワー・ブレックファースト」を開催することもあります。朝いちばんという頭が最もよく働く時間帯に、重要な会議をこなしているのです。

また、彼らはタフな身体を保つために、食事にも気を遣っています。食後にはプロテインやビタミン剤を飲んでいますし、ランチは集中力が持続するように野菜のサンドイッチ、果物などで軽めに済ませています。

そして、夕方6時には退社してプライベートの時間を十分に確保しています。

夕食は家族と一緒に楽しみます。肉や魚などタンパク質を中心にしたメニューで、デザートまで時間をかけてゆっくりとり、血糖値の上昇をコントロールしています。

オンとオフの使い分けが本当に見事です。ビジネスで成果をあげるために「自分をマネジメントする」という習慣がしっかり身についているのです。

たいていの日本人は、効率的に仕事をすることを目的に、運動したり、食事をしたりするような習慣はありません。最近では、出社前にジムに通う人も増えてはいますが、それでもオンとオフの切り替えも、身体の鍛え方も、冴えた精神の保ち方も、「自分をマネジメントする」という点で、アメリカ人に大きく水をあけられているといえます。それはやはり、夜遅くまで残業することをよしとする日本の企業文化のためにほかなりません。

そこで、私自身のワークスタイルを考えるときには、アメリカのメンバーの考え方や働き方を常に参考にするようにしています。

100人の中の一人の人材になる

最近、さまざまなセミナーやワークショップに参加する方が増えているようです。しかし、実際にそこで学んだことをすぐに実行に移す人は、全体の10%しかいないといわれています。

私も時間が許す限り、セミナーに参加するようにしていますが、その10%に入れるように、学んだことは帰宅後すぐに実行するよう意識しています。しかし、すぐ実行する10%のうち、継続してやり続けられる人となると、さらにその中の10%、セミナー参加者の1%になってしまうといいます。

100人のうちの1%、すなわち継続して実行する「たった一人」は、残りの99人に決定的な差をつけることになります。そう考えたとき、私の「思ったことをすぐに行動に移し」「継続する」という習慣は、私自身の強みになっているとも考えることができます。

セミナーを本に置き換えても同様のことがいえます。読んだ本の内容をアウトプットするのです。

いまでも気になるタイトルがあると、電子書籍で探しては、移動時間に読んでいます。できる限りその内容を自分の中に落とし込み、アウトプットすることを心がけています。何冊読むかではなく、重要なのはいかにアウトプットできるかです。

アウトプットは、会社のチームミーティングで共有するのでもいいし、感じたこと学んだことをFacebookやTwitterで共有するのでもいいでしょう。

私は、複数の大学で講師をしているので、学生に教えてその反応を見たり、多くの講演やセミナーで新たに学んだIT技術や、時事ネタなどのキーワードを多用して、受講者のアンケートをすべて確認したりするようにしています。Facebookでの投稿がきっかけとなって、取材や講演依頼が来ることもあります。アウトプットが次のアウトプットにつながるという好循環になることも少なくありません。実際に本書の執筆も、元はFacebookでの投稿がきっかけでした。

メンターを持つ

日本で「メンター制度」というと、入社時に、会社側が何年か先に入社した先輩社員を新人にアサインし、育成、サポートするチューター制度やOJT（オン・ザ・ジョブ・トレーニング、現場訓練）制度を想像する方が多いと思います。しかし、ここでお話しする「メンター制度」は、「メンタリング」を指し、OJTとは目的も方法も異なります。「メンタリング」は、みずからの成長や成果を望む「メンティ」が、豊富な経験や人脈、知識、スキルなどを持つ「メンター」から、継続して助言を受ける行動を意味します。同時に「メンター」は、「メンティ」から新しい知識を得たり、刺激を受けたり、共に成長していくという点が大きな特徴です。

つまり、新しく組織に加わったときだけでなく、自分の仕事や働き方についての意見を聞きたいときに、いつでも相談できる人や場のことをいいます。互いの立場や国籍は関係なく、レポートライン（直属の上司・部下の関係）ではないほうが腹を割って相談ができます。

マイクロソフトにも、会社として推奨《すいしょう》するという形でメンター制度が存在しています。従業員が「このような相談をしたい」と申し出ると、会社が適切なメンターを探してマッチングしてくれます。しかし、レポート提出や報告の義務などは発生せず、あくまでも個人対個人の関係を貫けるようになっています。

日本は、ものづくりのメーカーがGDPの2割を占める基幹産業ですから、徒弟制度の中で弟子が親方に教えを請《こ》うように、仕事のアドバイスを先輩社員に求めることはごく一般的に行われてきました。しかしその根底には、「石の上にも三年」といった発想に代表されるように、「悩みやストレスがあっても我慢する」という考えも含まれています。自分の中でブレイクスルーを起こすためのメンターとはちょっと異なります。

時代は刻々と変化しているのですから、「我慢する」から「感情やストレス、それによるリスクをコントロールしていく」という考え方にスイッチしていくべきではないでしょうか。

現在、私には、社内に1人、社外に2人のメンターがいますし、社内に22人のメンティがいます。

私のメンターである社内の1人は、米マイクロソフト入社直後の上司だったインド人です。彼が私を業務上で評価する立場でなくなったタイミングで、メンターを依頼しました。現在、

メンター制度
(Mentoring)

メンティの役割 (Mentee Role)	メンターの役割 (Mentor Role)
・Taking initiative. ・Showing responsibility for your own career and professional development. ・Defining goals and making plans to meet them. ・Providing positive feedback and encouragement to your mentor.	・Acting as a "learning broker" to help your mentee find relevant resources, such as people, books, software, Web sites, and other information sources. ・Helping your mentee build connections with others. ・Listening carefully and openly. ・Encouraging, challenging, and inspiring. ・Providing information, advice, and feedback.

彼はシアトルに住んでいますが、1年に2度、直接またはオンラインで話をしています。私の現在の職務は、入社時から数えて5つ目ですが、異動の話が出るたびに彼の意見を聞き、アドバイスを求めています。

ほかにも、品質改善担当時代に行動を共にしていた現会長の樋口泰行にも、社内異動や仕事上の悩み、マネジメントの相談を聞いてもらっています。特に樋口とは、お客さま訪問をしたり、アメリカ本社へ出かけたりと、共に行動する時間が長く、その流れの中でメンター/メンティの関係ができあがったため、腹を割ってさまざまな相談ができます。

他部署の若い社員から頼まれてメンターになっていますが、職務や部署が変わった現在もその関係は継続しています。時には、メンター／メンティの関係を入れ替えて、相手の意見を聞くこともあります。

もう一人の社外メンターは、私がベンチャー企業を立ち上げるときにいろいろ相談に乗っていただいた方で、その後、「お互いが成長できてメリットがあるのであれば」と年に2度の約束で、メンター／メンティの関係が始まりました。

「メンター制度」は、メンターの豊富な経験を基にした意見やアドバイスを受けられるという点で、メンティにとって大きなメリットのある仕組みです。しかし実は、メンター側にとっても大きな利点があるのです。

それは、人の話を「聞く力」が身につくこと。

私のメンティたちは、より現場に近いところで仕事をしているから、彼らの話を聞くことで、私自身もお客さまや市場の変化など、さまざまな情報を収集することができます。だから、「メンターになってほしい」という要望にはできる限り応え、彼らの話をたくさん聞くように心がけています。私のメンターたちも、そういうことをよく理解しているので、部下だったり、後輩だったりするような立場の私の話にも真摯《しんし》に耳を傾けてくれているのだと思います。

先日、若い社員から、「どうやってメンターを探せばいいのですか？」と質問を受けました。

私の場合は、どんなときも「アチーブモア」で成長したいから、「自分があんなふうになりたい」「真似したい」と思える人、自分のロールモデルになる人をメンターに選んでいます。

メンターを探しているのなら、まずは社内で、「メンターになってほしい」と思う人に話を聞いてみてはどうでしょうか。部署の違う若い人に、「話を聞かせてほしい」「ランチをとりながら相談に乗ってほしい」と言われて嫌がる人は意外と少ないはずです。

「いま、いいですか？」で始めるコミュニケーション

私の場合、海外のステークホルダーとのやりとりも多く発生し、1年の半分近くは海外出張という状況です。どんなにIT技術が進化したからといっても、膝《ひざ》を突き合わせて行う交渉がなくなることはなく、会議や出張がゼロになることもないでしょう。

一方、多くの部下や関連セクションともコラボレーションして、より高い成果をあげるべく密なコミュニケーションも必要です。しかし、そのためだけに私が品川のオフィスに常に座っているのはきわめて非効率でもあります。

それを解消するために私が活用しているものこそ、企業向け統合コミュニケーションツール

である「Skype for Business」です。通信環境さえあれば、海外出張中でも、国内移動中でも、自宅でも、カフェでも、いつでも、どこでも、どの端末でも、時間や場所にとらわれずにインターネット会議に参加することができます。

実はこの原稿を書いた日の朝も、朝6時30分から3時間、立て続けに3本、アメリカ本社との会議がありました。私は、自宅でパソコンを立ち上げ、パジャマのまま参加しました。9時30分に会議が終わったころには、通勤ラッシュも落ち着いているので、その後の出勤もきわめてスムーズでした。

このツールを使えなければ、時差の関係でこちらの夜中や早朝に会議が行われても、オフィスから参加しなくてはならなかったはずですから、その違いは歴然です。

また、講演や会議、またはそのための移動時間が長いため、資料づくりに割ける時間も限られています。そんなときは「Office 365」を活用します。つまり、クラウド上で「PowerPoint」を共有し、チームメンバーや関係セクションに協力してもらいながら資料を作成しているのです。

ファイル名を指定すれば、最新バージョンに置き換えられます。かつてのように、更新する

進むコミュニケーション手段の効率化

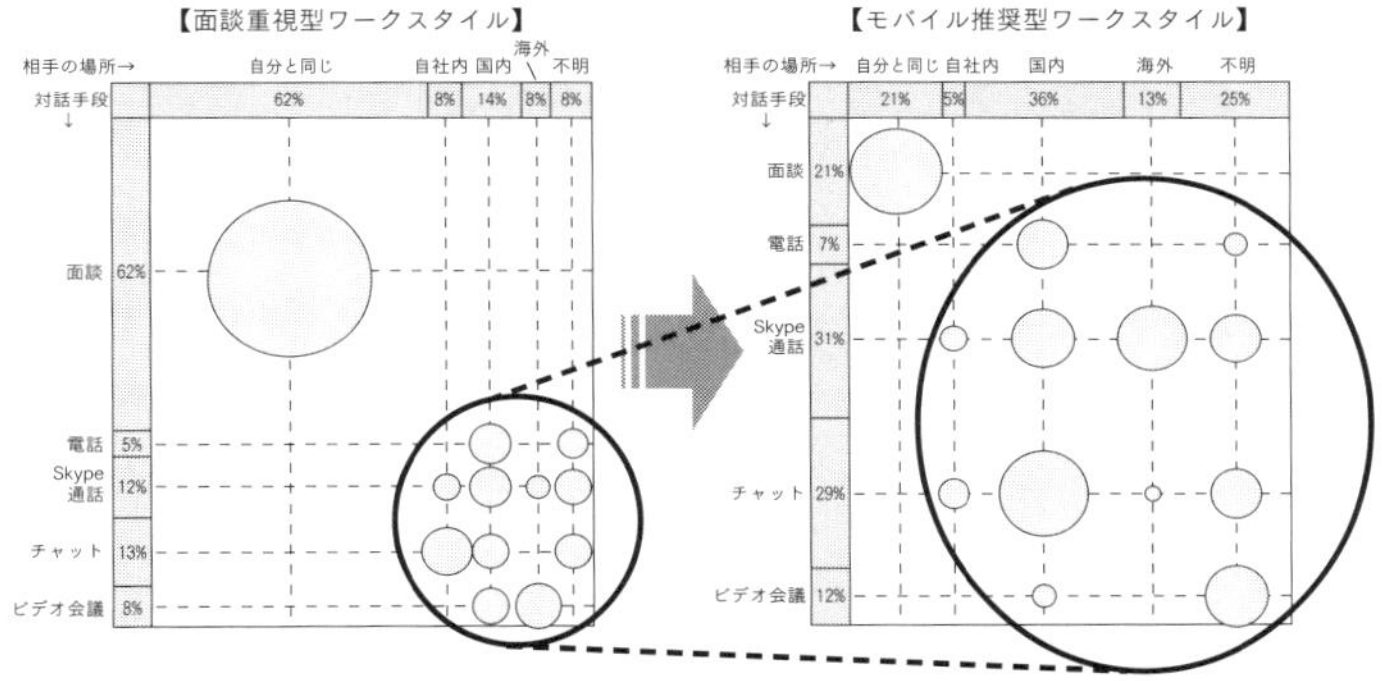

たびにファイル名を変えたり、メールに添付したりする必要はありません。また、〝先祖返り〟して、どれが最新の資料かわからなくなるようなこともありません。

「PowerPoint」は、クラウドサービスの Microsoft Azure を通じて社内連絡先と連携しているため、資料を共有したい人を選んでボタンを押せば、共有も編集も可能となります。

作成した資料も、個人認証の仕組みもクラウド上にあるので、端末を紛失してもデータは安全に守られ、復元も容易です。またPCやスマホ、タブレットなど複数の端末でデータにアクセス、加工・編集、共有ができます。

これがあれば、時間や場所を気にすることなく、いつでもメンバーと共同作業ができ、自組織以外の部門への共有・依頼もスムーズに行えます。このツールを存分に駆使《くし》することで、大幅な効率化が可能になります。

これまで、「Excel」や「Word」、「PowerPoint」は、作業効率を高めるための文房具として多くの方に使っていただいてきました。しかし、「Office 365」は、サティア・ナデラが掲げたミッションである、「地球上のすべての個人とすべての組織が、より多くのことを達成できるようにする」ための統合型コミュニケーションツールとして活用することを目的に、クラウドサービスにつなぎました。それにより、チームの協働を可能とし、より高い成果があげられるようになったといえます。

資料を見てもわからなかったり、疑問が湧いたりするときは、社内連絡先のステータスを見て、連絡可能なメンバーに「いま、いいですか?」と呼びかけることから、「Skype for Business」上でのコミュニケーションが始まります。

このように、私の普段のコミュニケーションは、「Skype for Business」(インスタントメッセンジャー)で行っていますが、社内連絡先にある名前をクリックすることで、電話番号を知らなくても電話をかけられます。といっても、電話するのはごく緊急の場合に限られていますから、オフラインになっている相手に連絡をするようなことはまずありません。

ワークスタイル変革を支えるコミュニケーション基盤

Skype for Businessの画面

私もかつては、飲み会の場や自宅でくつろいでいるときに、営業から問い合わせの電話が入るようなことがありました。しかしいまでは、「オフライン」という状態を見せるようになったことで、終業後に電話が鳴るようなことはなくなりました。

中には、いつも自分の状況を上司やチームのメンバーに把握されていて嫌だという人もいます。けれども、オンとオフがきわめて明確に切り替えられることで、私の場合は充実したライフスタイルが実現し、生産性が高まっているように感じています。

私自身も、夕方6時に仕事を終えたあとは必ずオフラインにし、家族の介護をしたり、友人との食事を楽しんだり、セミナーに参加したり、できる限り自分の時間を大切にするようにしています。

クラウドで人・情報とつながる

私のPCは、常にクラウドとつながっていて、インターネットを通じた私の働き方をクラウド側に見られています。クラウドは、私が誰とどんなコミュニケーションをとっているのか、メールを何通受け取っているのか、どんな資料を見ているのかなど、すべての行動を把握しています。これは、2016年にマイクロソフトがリリースした「MyAnalytics」というワークスタイル分析ツールによるもので、社員一人ひとりのビジネスにおける活動をデータとして収集して、サポートしてくれるAI（人工知能）なのです。

この分析ツールは、クラウド上で、人と人のつながり（ソーシャルグラフ）、行っている作業、作成・編集している資料を見ています。定量的な働き方の可視化だけでなく、「今週の会議の3割は非効率的だった」など、働き方の質も見て、適切な人とのつながり、適切な資料なども提示してくれます。

私がクラウドにアクセスすると、クラウド上のAIが「この資料は必要なので、目を通しておいたほうがいいのではないか」「この重要な人のメールに返信をしていないが、大丈夫か」「今

Office Delve

日の会議は非効率だった」などと、教えてくれます。

　こうしてＡＩは、常に私の働き方と、人との関わりを見ていることになります。

「Office Delve」というツールは、私が必要としそうな資料を提案してくれます。その資料が本当に必要だったら、私はワンクリックするだけで大丈夫。その行動自体、ＡＩは学習し、それにより賢さを増し、情報提供の精度はさらに高まって、私はより効率的に仕事を進められるようになっていきます。

　一日に届く何百通ものメールを上から順に開いて、内容を確認していたのでは、それだけで一日の仕事の大半が終わってしまいます。しかし、ＡＩは私の行動から、必要な情報や取るべき行動を示唆してくれるので、大量のメールやビッグデータに埋もれた情報を探す時間を短くしてくれます。

時間を有効に活用する

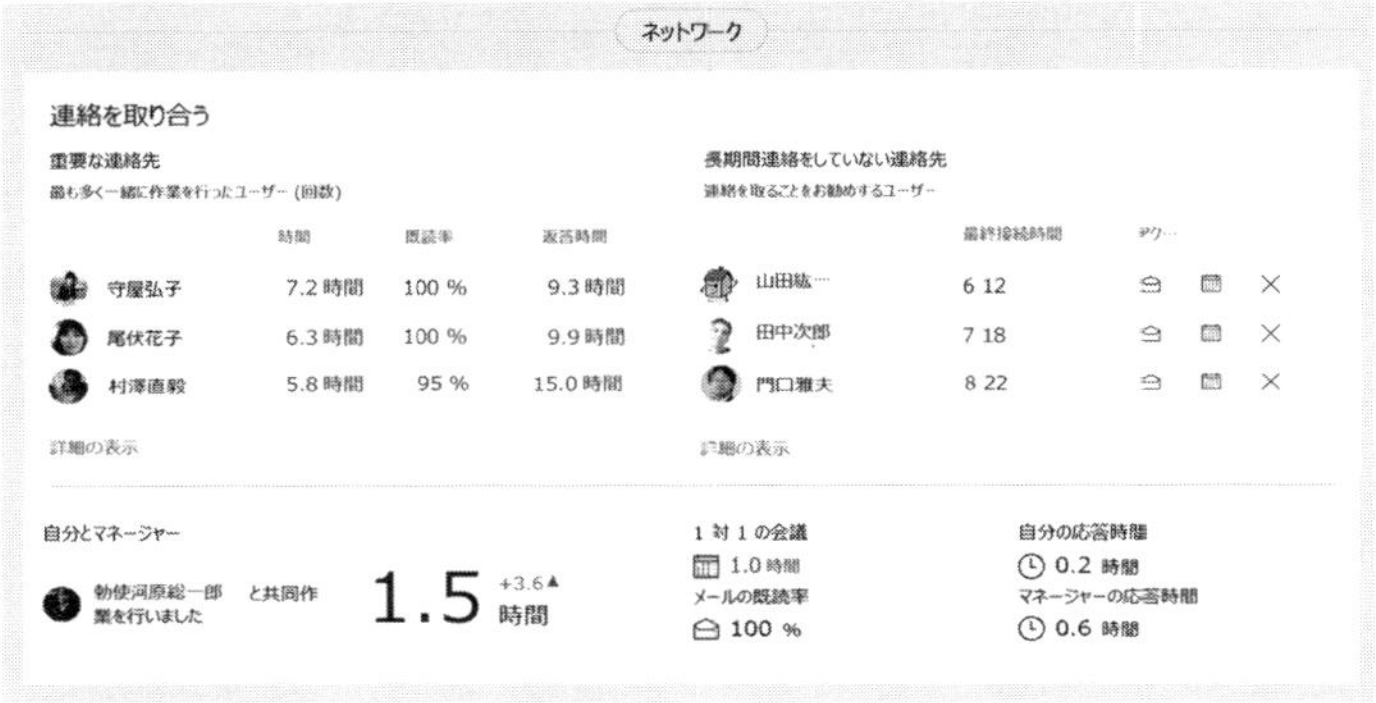

・最も頻繁に連絡している相手や最近の会話を把握する
・優先的に対応すべき会議を有効度合いに基づき知らせてくれる
・再度連絡をとるべきユーザーの情報がレコメンドされる

MyAnalyticsの画面／最もコミュニケーションを取っている相手、最近連絡をしていない相手、上司とのコンタクト状況などがわかる

　また、マイクロソフトが持つクラウドサービスの長年の実績とAIを活用した分析技術で、サイバー攻撃から身を守ることもできます。たとえば、標的型メール攻撃の場合、悪意の第三者は特定企業の社員にメールを送り、添付ファイルを開かせてウイルスに感染させることで、パソコンの乗っ取りを狙います。ところが「Office 365」の場合、ATP（Exchange Online Advanced Threat Protection）を使えば、社員の手元に届く前にクラウド側で添付ファイルを実行して安全を確認し、そのうえで社員にメールが届きますので、事故を未然に防ぐことができます。

　クラウドに持っていることで、どこの

MyAnalytics

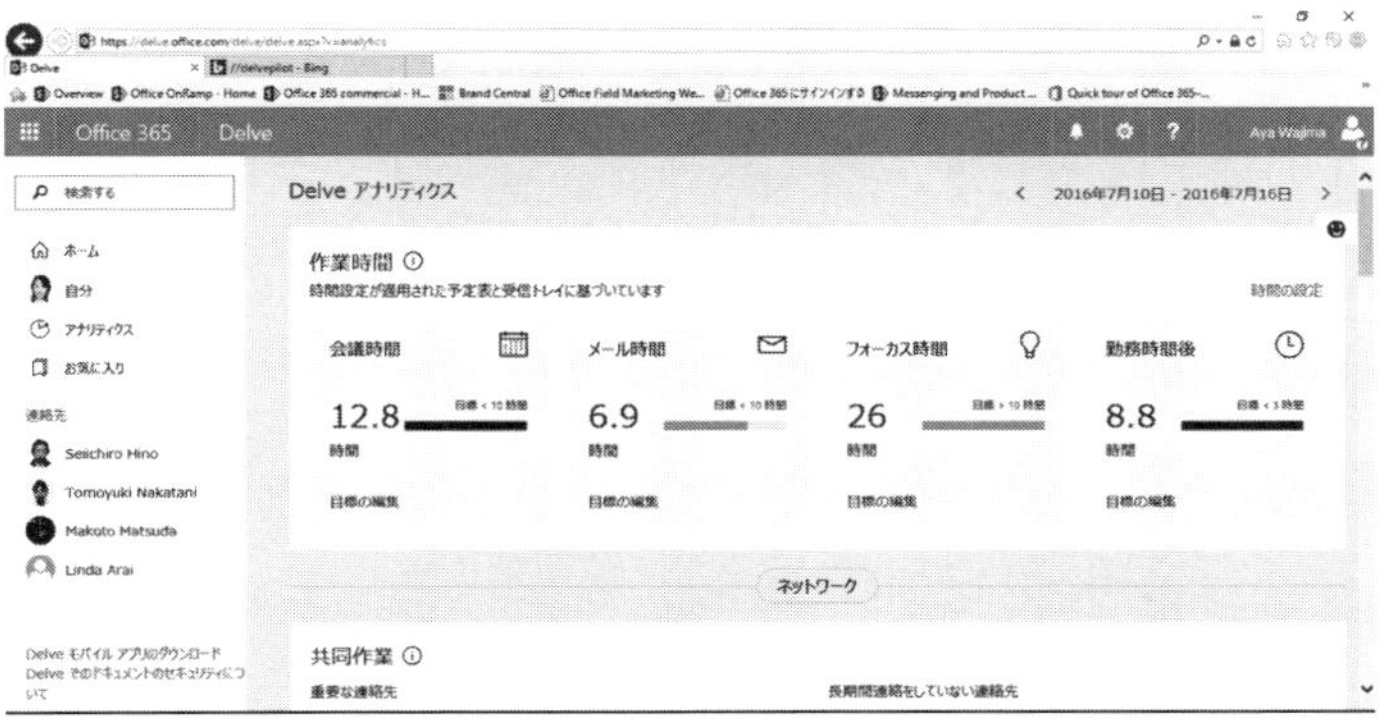

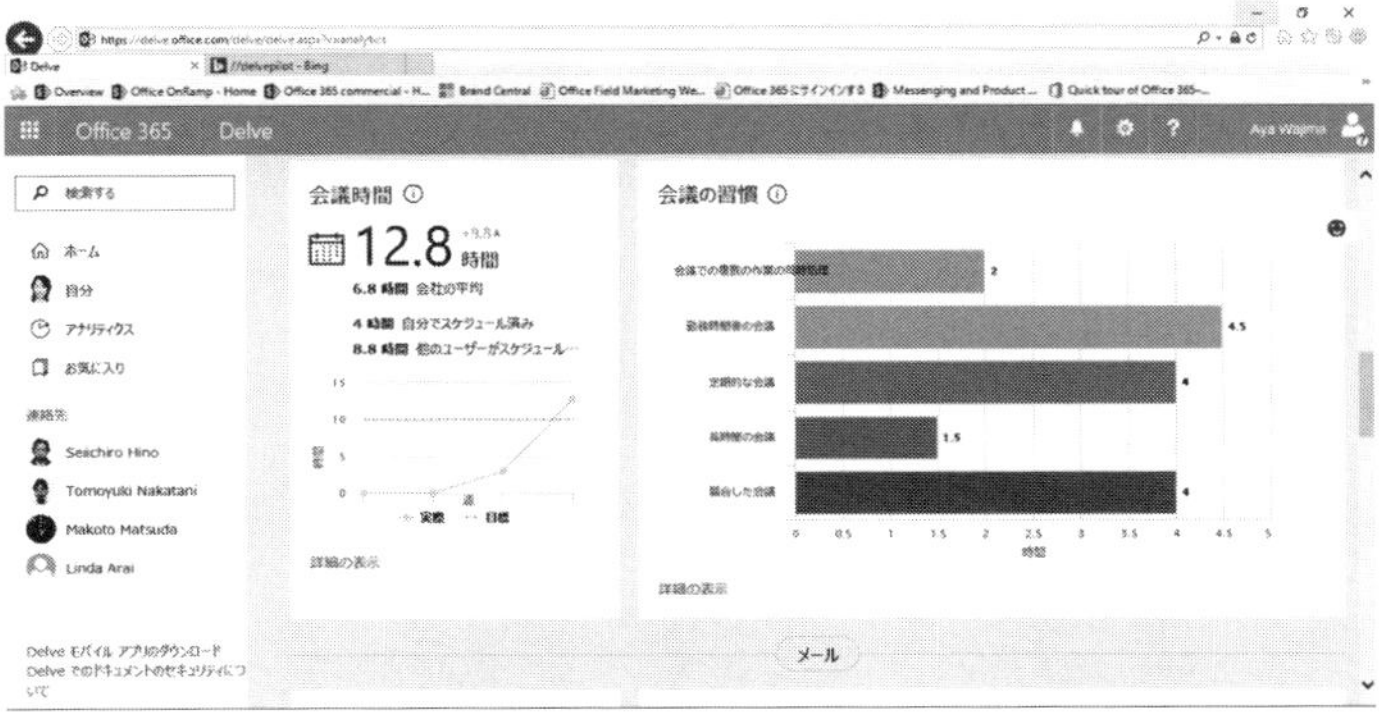

MyAnalyticsの画面／上：全体の作業時間分析、下：会議の分析

グローバルＩＰアドレスが攻撃されたか把握し、次は攻撃者を特定し、また、攻撃される場所を事前に検知することができるのです。危険を事前に察知することで、備えることもできるし、クラウド側で危険を認知し瞬時に国内にある安全な他のデータセンターにルートを変え、攻撃から逃げることも可能になります。

マイクロソフトでは、全社員11万人が常にＰＣやスマートフォンを持ち歩き、どこでもその内容を見ることができます。日本的な考え方をすれば、ＰＣを持ち歩いたり、外出先や自宅でメールを見たりすることで、「情報をなくす」というリスクが生まれると受け止められるかもしれません。しかし、マイクロソフトではすべてをクラウドに預け、万全のセキュリティ機能が備わった「Windows 10」を使っていて、社員が端末をなくすことを前提に多層で対策が取られています。

ただし、責任を明確にするという意味では、個人の機密情報を含むメールのやりとりは、それが社内であろうとも、必ず暗号化が必要です。開くときには多要素認証システムが働き、社員はメールアドレスや複雑なパスワードなど認証の入力を求められます。もちろん、印刷やスクリーンショットをとることができないように暗号化し、ロックもかかっています。さらに、機密性が高いファイルの場合は、いつどこで誰がファイルを開いたかを地図上で追うことができる仕組みまで備えています。

日本では、リスクを未然に防ごうとするのに対し、欧米では、リスクが起きることを前提に対応を考えています。クラウドは、リスクを前提にしたシステムで、私たちはセキュリティを気にすることなく、本業に集中することができています。

SESSION-5

「周囲を巻き込む力」で決まる

多くの人を巻き込む力

一時代前までは「個人の処理能力」が評価されていました。しかし最近の評価軸は、明らかに「いかに多くの人を巻き込めるか」というものへと変化してきています。

日々、刻々と状況が変わる複雑なビジネスを貫徹するためには、一人だけではなかなかうまく進められなくなっています。そのときに、チーム内外の人間を巻き込み、ゴールまで導けることが能力のひとつと見なされるようになっているのです。

２０１４年の日本マイクロソフトの調査でも、国内外、関係の遠近を問わず、所属するプロジェクト、チーム、部門外の人間を多く巻き込んでいる人ほど、大きな成果をあげて、社内で表彰されていることがわかりました。

それは、日本マイクロソフトが、ＩＣＴ（情報通信技術）を活用して時間と場所にとらわれない働き方を実践するようになったことで、さまざまな国や企業、部署、プロジェクトを超えたつながりを持つことができている証《あかし》にもなっているといえます。そしてこの評価指標は、日本マイクロソフトの「ワークスタイル変革」の基となっています。

「下位５％の従業員は会社に見捨てられる」という話をしました。この話になると、「そこに

自部門／他部門での「対話」を増やした人が、成果を残すことができる

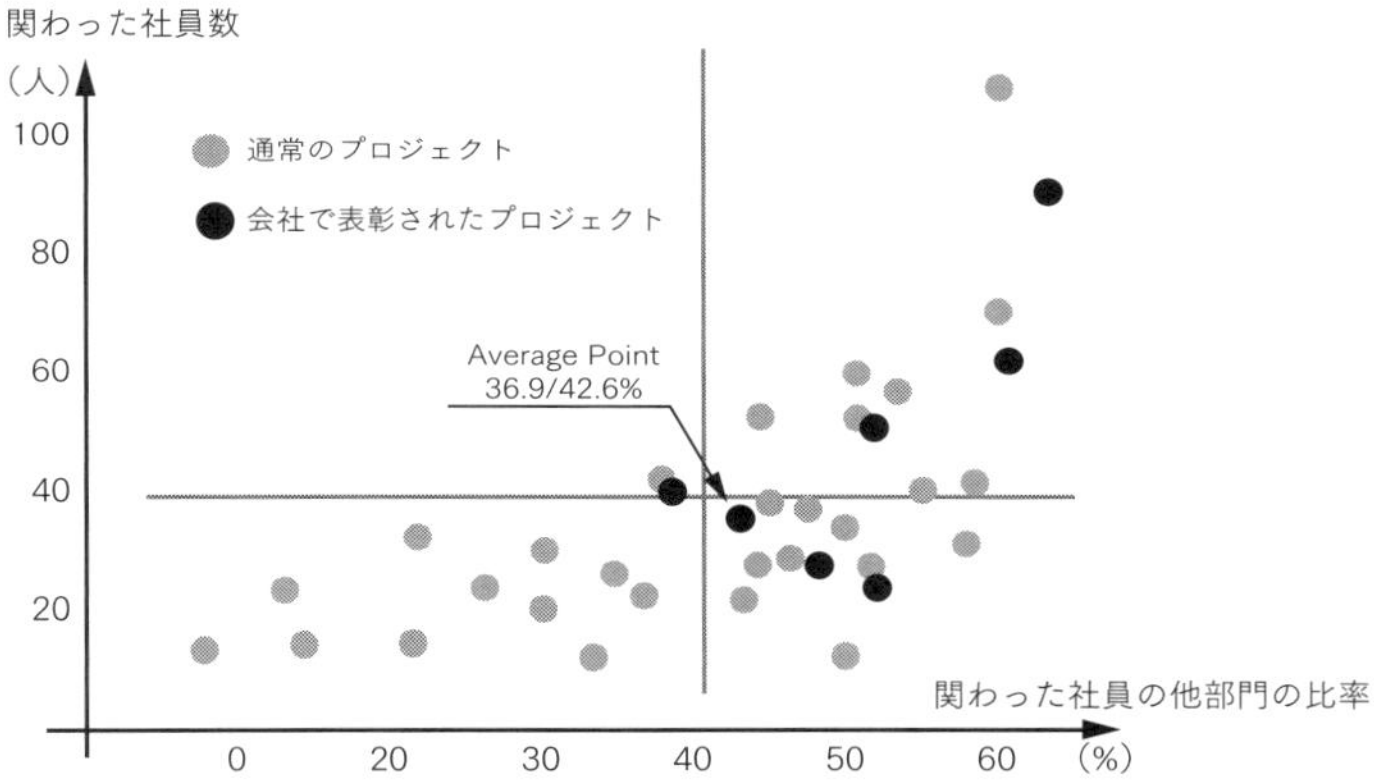

プロジェクトに関わった社員数の図

入らないためにどうしたらいいか」という議論になりがちです。しかし実際には、下位5％になるのを回避することを考えるより、多くの人を巻き込み、より大きなビジネスを成功させ、より複雑な課題を解決していくほうが、結果的に社内のライバルよりも成果をあげやすく、高い評価を得るための近道になるのです。

これは、日本マイクロソフトに限った話ではありません。企業で成果を残している人に話を聞いてみると、そのほとんどが社内だけでなく、関係する業種・業界の人を巻き込むのが得意な人ばかりであると感じます。そうすることで外部の変化に気づきやすくなりますし、さまざまな情報が入ってくるようになるからです。

また、そういう人たちは、チームの雰囲気が悪くなると成果が残せないことを知っています。ですから、周りのメンバーに悪影響を与えるような不平不満などのネガティブな発言を口にすることも少ないといえます。

マイクロソフトの評価には、「ヘルプ・アザーズ（他のメンバーを助ける）」という指標があります。自分の学びを積極的に共有し、苦労している人に成果を残せる方法を提案し、一緒にゴールに向かうような人を高く評価しているのです。

クラウド時代のコミュニケーション力

ＩＴやクラウドが発達したことで、時間や場所を超えて人と人がつながることができるようになりました。それにより、多くの成果を生み出せるようになったのは紛《まぎ》れもない事実です。

とはいえ外資系の日本マイクロソフトでも、すべての会議をオンライン上で行うようなことはしません。

なぜなら、日本人が大切にする「一体感」や「共通意識」を保つためには、顔と顔を合わせ、膝を突き合わせたミーティングが欠かせないからです。また、そうすることでメンバー同士の距離感が縮まり、ビジネスが進んでいくという面もあります。

つまり、ITやクラウドは、あくまで人と人とのコミュニケーションを補完する役割を担っているにすぎないのです。

また、海外のステークホルダーを巻き込むには、相手の目的をしっかり見極めることが大切です。ヒエラルキーを重視するアメリカなどでは、上司へのしっかりした共有、気配りも必要です。そうした相手が来日した際には、一緒に食事でもしながら腹を割ったコミュニケーションを図り、信頼関係を構築すべきです。ロジック重視の欧米人でも、意思決定には必ず感情が入りますので、信頼の積み重ねが欠かせません。

一度仲良くなって、相手の人となりや性格が理解できれば、オンラインのやりとりでも仕事はずっと進めやすくなります。

私自身、仕事柄、日本のお客さまのところへお詫《わ》びに出かけたり、アメリカ本社の上級役員を相手に難しい交渉をしなくてはならない場面も少なくありません。

特にアメリカ本社の役員との交渉の際には、十分な準備を欠かさないようにしています。それまでのメールのやりとりを見返して、過去の意思決定プロセスやロジック、コミュニケーションスタイルなどを確認するのはもちろん、時にはSNSを使って経歴や家族構成、趣味などを調べることもあります。

そのうえで、渡米時には必ず適切なお土産を持参し、スムーズに打ち合わせや交渉を始められるようにしています。

ほとんどの場合、ロジックに加えて感情も相手の意思決定の材料になることが多いといえます。ですから、距離感を縮めて密なコミュニケーションに発展させるためには、相手をよく知り、良好な関係を築くことが重要になるのです。

そのうえで、冒頭のちょっとしたあいさつや言い回し、柔らかい表情で、交渉に優位な空気感をつくり、そこから定量的なインパクトをもとにロジカルに説明する。こういったコミュニケーションは、出国前から準備し、会議室のドアに手を掛けたらもうスタートです。

「このような機会を設けてくれて嬉しいです。あなたのチームは多様性に富んでいて、われわれのようなローカル（各地域法人）の意見にも耳を傾けてくれる。同じ会社の社員として本当に光栄です。その素晴らしい姿勢を、あなたの上司にも伝えたいと思っています。さて、今日はこのリクエストのためだけに、片道11時間かけて日本から来ました。この投資に協力してもらえると22億円ものリターンが予測されます。なぜなら……」

こんな感じです。

お土産の例（国内で渡すケース）

フォションのエクレア

シレトコドーナツ

イリナのロールタワー

KuKuRuZaの
ポップコーン

お土産の例（国内で渡すケース）

クロワッサンたい焼

福福の招き福猫もなか

京橋千疋屋　くりぬきゼリー

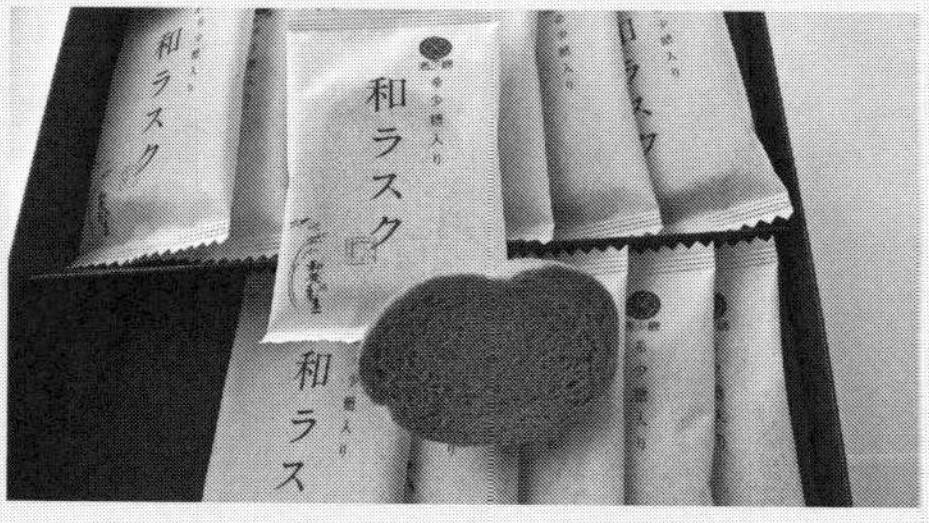

和ラスク

お土産の例（海外で渡すケース）

日本らしさを追求

“Japanese handkerchief”、「手ぬぐい」はとても喜ばれます。抹茶味のキットカットは、海外でかなりの投資を引き出してくれました。“Japanese pancake”、「どら焼き」も好評でした。

ネスレ キットカット 宇治抹茶

どら焼き

手ぬぐい

扇子　ハンディー扇風機ですね

あるとき、「どら焼き」を英語で何と説明したらよいかとネットで調べたところ、"fuel for Doraemon"、「ドラえもんのえさ」と出てきました。さすがに、これでは外国人に理解してもらえませんが、そのネタをツイートしたら、800件以上もリツイートされました。

コミュニケーションを大切にしているのは、日本マイクロソフトだけではありません。たとえば資生堂の場合、全国各地の営業拠点と東京の本社とで「Skype for Business」を使って密に連絡をとっています。また、あちこちの最前線で働くビューティーコンサルタント（美容部員）は、オンラインで上司とコミュニケーションを交わしているといいます。

資生堂の魚谷雅彦社長は、常日頃「時間が許す限り、できるだけ足を運んで現場の声を吸い上げたい」という強い思いを持っています。そのため、本社にいる上司が各地域の社員たちとオンラインミーティングをしているとき、後ろからヒョコッと顔を覗《のぞ》かせ、「最近どうだ？」と声をかけ、みずから現場の状況を聞き出して

いるそうです。コミュニケーションの阻害要因だった空間的距離をオンラインで補完している
いい例でしょう。

また、ヤフーの宮坂学社長は、「ビジネスを生み出すのは会議より会話である」と言い切り、社員同士、また社長と社員とが、気軽にコミュニケーションをとれるような仕組みや場を提供する改革に着手しています。

魚谷社長や宮坂社長のように日本経済を牽引《けんいん》するイノベーターたちが、実はコミュニケーションをビジネスの拡張ツールとして捉えていることはとても興味深いところです。

ビジネスはすべて交渉でできている

「ビジネスはすべて交渉でできている」と言うと、大げさに聞こえるかもしれません。

しかし、違う文化・環境の下で育ち、異なる目的を持つ者同士が、同じゴールを目指し、仕事を成《な》し遂《と》げるには「折り合いをつける」ことが必要です。そして、その妥協点を探ることこそ〝交渉〟だといえます。

これは、顧客やアメリカ本社との対応だけでなく、同じ会社内、チーム内でも非常に重要で

す。交渉を「うまくこなす」ことが、自分が思い描く目標に近づく第一歩だと私は思っています。

特に外資系企業の場合、文化の異なる海外本社のステークホルダーを納得させなくてはなりません。交渉のためには、言語を超えたコミュニケーションと十分な準備が必要となってきます。

私がチーフクオリティーオフィサー（最高品質責任者）だった３年間は、何か問題が起きると、迅《じん》速《そく》に正しい対処をしなければなりませんでした。問題解決のためには、常に異なる見解を持ち、異なる事情を抱えた人と折り合いをつける交渉が必要になりました。

実際に、交渉のためアメリカ本社に飛んでも、そこで交渉が成立しなければ問題は解決しません。お客さまの問題が解決しない限り、帰国することもできないので、「折り合いをつける」ことは私にとって必須条件でした。

チーフクオリティーオフィサーの３年間に学んだ「交渉術」は、いまの私の大きな武器でもあります。

交渉力の源泉：EQとアクティブリスニング

交渉力を高めていくうえで、私は、次の2つがポイントになると考えています。

①IQよりもEQ

IQ（知能指数）の高さだけでなく、EQ（心の知能指数）の高い人は交渉力があるといえます。

人を惹《ひ》きつけ、そして思い通りに動かすには、知識やスキルだけでなく、人としての器や徳が重要になってきます。

欧米人やロジックを重視するタイプの人には、数字やデータの裏づけが必要です。

ただし、ロジックは時に、「導きたい結果」から逆算されたものでしかなかったり、根拠の裏づけ確認が難しかったりするケースもあります。特に上級役員のようなポジションにある人は、ある程度リスクを取って意思決定することも多いので、「この人の言うことなら仕方ない」「この人の情熱に影響を受けた」となって、〝後づけ〟でロジックをつけ加える人も多くいるのが実情です。

この心のエネルギーは、日本人だけでなく、欧米人にもよい影響を与えます。人に何かを任せる際には、やはり自信があって情熱的な人を選びたいと思いますし、それを実行していくにはハートの力で周囲を巻き込んでいくことも必要です。

②聴く能力：アクティブリスニング

交渉を成功に導くには、相手にある程度〝妥協〟させることが大切です。そのためには、相手の許容範囲がどこまでか察知する能力が必要になるといえます。

それを測るには、相手の意図・見解を引き出さなければなりませんから、その機会を意図的につくることも重要です。

相手の言動やちょっとした感情の変化を読み取るために、相手に話させ、細心の注意を払って空気感を読み取り、言動の裏を読む。こうした「相手の意図を引き出す聴く能力」はきわめて重要で、かつ、できる限り交渉の前に実践しておきたいところです。

私自身、10年以上営業職をしていましたが、話し上手より、聞き上手な人、相手の本心を引き出すことのうまい人のほうが営業成績はよかったと断言できます。

求められる「すべてを管理できる人」

組織のリーダーである役員としての立場で、私も、どんな能力を持った人材が日本マイクロソフトに必要なのかを考えることがあります。もちろん「英語が話せること」は、入社する際の必要条件になりますが、十分条件ではありません。

実際、中には英語が得意ではないメンバーもいます。だからといって彼らが評価されなかったり、待遇が劣っていたりするわけではありません。

そもそも、仮に英語を話せることが十分条件だとしたら、世の中の英会話の先生は全員、一流のビジネスマン候補だということになってしまいます。

それでは、いったいどういう人の評価が高くて、グローバルな企業から欲しがられるといえるのでしょうか。

一言でいえば、「管理できる人」。自分も、時間も、人間関係も、すべての管理ができる人です。「管理」とは、英語で「マネジメント」という意味ですが、マイクロソフトでは、従業員に自由と責任を与えることで、このマネジメント力を養成してくれます。

私は常に、チームのメンバーに対して「製品の一担当者ではなく、Word、Excel というそれぞれのビジネスの会社の社長だと思って仕事をするように」とアドバイスしています。自由と責任を与え、予算も発表もすべて任せることで、彼らは高い成果をあげています。まさにベンチャーの社長として、新しい発想で、新しいビジネスをつくり上げているのです。

それこそがマイクロソフトの企業文化のひとつです。そうやって、全従業員が起業家の視点を持ってビジネスを遂行できるよう育成しているといえると思います。

この11年間、私自身、会社が与えてくれた多くの自由のおかげで、さまざまな成果をあげ、キャリアを積み重ねてくることができました。自由を与えられるということは、学生時代に研究に取り組むのと同じように、自分で課題を見つけて解決していかなければならない、ということです。しかも、ビジネスにおけるプレッシャーは、学生時代の比ではありません。

そのプレッシャーを乗り越えて成果をあげたときの満足感、充実感こそが、各人のスキルアップにつながっていきます。自分を成長させるには、働きやすい職場ではなく、働きがいのある職場が理想です。

自分自身も、時間も、人間関係も、すべてを管理できる人間は、社内の変化にも柔軟に対応できるし、どこへ行っても重宝《ちょうほう》がられる人材になっているはずです。そういった人材が潤沢《じゅんたく》なリソースを活用できれば、市場に対してさらに大きなインパクトを残せます。そのように、変化に対応して、大きな成果を残して活躍できるような働き方が「モダンワークスタイル」なのです。

共に高みを目指し協調する力

日本で「協調する」といった場合、パフォーマンスの低い人に合わせることや、持ちつ持たれつの関係を指します。しかし本来は、自分一人では解決できないことを、チーム内外の仲間、社外の人を巻き込んで解決し、成果につなげることをいうのだと私は認識しています。自分の情熱も含めて、すべてを理解してくれた人を巻き込んで、大きな成果をあげることにほかなりません。

目指すべき港があって、みんなで船を漕《こ》いでそこに向かって行くプロセスが、私のイメージする「協調」です。当然、中には1〜2艘くらい、ついていけない船も出てくるでしょう。しかし、いろいろな人が船を漕ぐ中で、どの船、どの人を使えば、短時間で目的地である港に着けるかを常に意識すべきですし、経験を重ねることで、それは必ず見えてくるはずです。

協調を英語で表すと、co と operation の2つの単語が合わさった“cooperation”となります。

オペレーションは基本的には個に紐《ひも》づきますが、頭に co がつくことで、オペレーションする人は複数になります。

私がいま、一人で船を漕いでいるのだとしても、目的に向かって一緒に船を漕ぐ人を増やすことはできます。それが、cooperation なのです。そのためには、後ろの船が来るのを待つのではなく、前に進むためにはどうしたらいいのかをみんなで話し合いながら進んで行くことが大切です。これが、cooperation、協調ということになります。

日本マイクロソフトでは、この「協調できる力を持つ人」が、結果的に高いパフォーマンスをあげていることが社内評価からもわかっています。

日本人は、協調が得意な民族ともいわれてきました。たとえば、かつて日本経済の中心だった製造業においては、一人でラインを回すことができないから、成果をあげるために協力し合うのは当然のことでした。それがうまく回っているときは、協調しているといえます。

しかし、その一方で同調意識も強いから、負の連鎖も起きやすいところがあります。「終身雇用」「年功序列」「企業内組合」という「三大ユニーク雇用制度」に守られ、喫煙室に一日中いてもクビにならないことがわかると、一人、二人と、マイナスの cooperation を始めることがあると思います。そうした事実が、日本人の協調性の負の側面を示しています。

そういう意味でも、自分を律して、正しい方向にcooperation、協調していくことが非常に重要だといえます。

2ランク上の人の目線で考える

かつて社外のメンターからアドバイスされ、いまでも実践していることがあります。それは、自分よりも職責が2ランクくらい上の人の立場でものごとを判断する、というものです。

たとえば、部下から「他部署からこういう依頼が来たのですが、やるべきでしょうか」という相談があったとします。そのときに、越川慎司個人の視点で考えるのではなく、「社長だったらどう答えるだろうか……」と考えるのです。そうすることで、「必要なこと」と「そうではないこと」が見えてきます。

マネージャーの立場だったら「やらない」と言うところを、社長の立場で考えて、「やる」という判断になったとしたら、リスクを承知でそうアドバイスします。

これは一般社員でも同じで、自分の職責より2ランク上の係長だったり、課長だったりの立場でものごとを考えるのです。

また、メンターからは、「ものごとの判断だけでなく、普段の立ち居振る舞いや服装も、彼らの真似をしろ」ともアドバイスされました。たとえば2ランク上の上司がいつもスーツを着ている人なら、接客をする回数が多いはず。自分もスーツを着る機会を増やすことで、その人の価値観が共有できるようになります。格好だけでなく、ものの言い方やプレゼンの仕方などもぜひ真似してほしいと思います。

真似というわけではありませんが、チーフクオリティーオフィサー（最高品質責任者）時代、顧客や海外のステークホルダーに会うときには、なにより服装や言葉遣いに気を遣うようにしていました。人はほとんど見た目で判断しているというような内容の本がベストセラーになったこともありますが、特に初対面の人に会うときの服装や言葉遣いは、その後のコミュニケーションや交渉に大きな影響を与えると思っています。

かつて、プロのカラーコーディネーターに、私に似合う色やシーン別の服装などをアドバイスしてもらったことがあります。それ以来、それぞれのシーンのＴＰＯをわきまえながら、服装を決めるようにしています。もちろん、上司や、上司の上司の服装や身だしなみも、折に触れてチェックするようにしています。

コーディネート例

謝罪のとき

ダークスーツと白ワイシャツ。寒色系で無地か無地に近いネクタイ。腕時計、装飾品は外す。

交渉の場

ダーク系のスーツと白ワイシャツ。スーツより濃い色のネクタイで強い印象を醸し出す。

イベントでの講演会のとき

青い色のスーツと白ワイシャツ。原色のネクタイ。イベントでの講演会の際は、遠くからでも目立つ原色のネクタイを着用。

大学での講義やセミナーのとき

大学での講義や一般消費者（コンシューマー）向けのセミナーの際は、親近感や柔らかさを意識してカジュアルシャツで。

服装やカラーコーディネートは、自己のプレゼンスマネジメントだといえます。ビジネスのさまざまな場面で大切になるエッセンスです。たとえば、日本のお客さまに謝罪に行くときなどがまさにそう。服装に加え、言葉遣いや声のトーン、さらには伝える順番にまで細心の注意を払います。とりわけ問題解決の場では、話し始めに「だ行」を避けるのが鉄則です。

「だから〇〇なんです」
「だけれども、事実はどうしても」
「どうしても本社が……」
「ですが、この件は……」

など、「だ行」で始まる言葉は、問題から逃げているように感じられて、相手の感情を逆なですることがあります。こうした言い訳や否定を連想させるワードは避けるようにしています。否定の言葉から会話を始めると、相手に懐疑心《かいぎしん》が生まれ、その後のメッセージが届きにくくなってしまいます。

説明する側と、受ける側とで、常に情報と感情のギャップがあることを意識したうえで、交渉の場に臨んだほうがよいといえます。こうしたギャップを埋めることができれば、前向きな話し合いができるようになっていくでしょう。

小さな成功でストレスを解消する

私も、ヨ々ストレスを感じています。

SESSION-3で「外円」と「内円」の話をしましたが、コントロールできる領域（内円）を意識しても、人間関係や責任からくるプレッシャーなどで精神をすり減らすことがあります。

しかし、「個人として成長したい」という思いが強く、それを可視化、数値化して見ているので、一方でやりがいも感じています。

たとえば、「今月はこの5つのプロジェクトを立ち上げて、必ず成功させよう」というような大きな目標がある一方で、同時に「週に2回、有酸素運動をやる」「週に本を2冊読む」などと、小さい目標も立てていきます。それらを達成したときの喜びが、自分のモチベーションの源泉になっています。こうした小さい成功の積み重ねが、自分の成長を可視化させ、見えない不安への葛藤《かっとう》を避けてストレスを解消することにもつながっています。

もはや、企業で働くことに安定を求める時代ではなくて、企業を、個人がより成功体験を積むことができる場にすべきだと思っています。また、従業員の小さな成功が集合体となって、ひとつになったときに企業の成長というものがあるようにデザインすべきだと思います。

「アチーブ」は「成功する」という意味ですから、いかに成功を積み重ねていくかがまずは重要です。そして、その成功が企業の成長と個人の満足とを併せ持つような方向に持っていけるかどうかが、これからの時代のキーになると思います。

中には個人で解決すべきストレスはあります。しかし、それが溜まり続けるといつか爆発します。また、精神のバランスや体調を崩すとパフォーマンスも落ちて非効率です。そうしたストレスの解消法についても考えていく必要があります。

そのうえで、企業は従業員が「働きがい」、そして「幸せ」を感じているかどうかを、しっかり確認する必要があると思います。日本マイクロソフトでは、従業員調査を定期的に実施していて、その改善は上級役員やマネージャーのコミットメントになっています。

従業員が充実感を持ちながら成果を残す、そのための仕組みをつくることが、企業の成長につながります。社員個人、そして企業体として、ビジネスを成長させるためにストレスを軽減させる、そんな仕組みづくりが必要です。

モダンワークスタイルが開く未来

SESSION-6

協働を促し、ポジティブな連鎖を生み出す

仕事を効率的にこなすスキルも必要ですが、周りの人を巻き込むこと、さらにはその相手に「任せる」ことも不可欠です。

同じクオリティだとしても、Aという仕事を1時間でできる人と、3時間かける人とでは、前者に任せたほうがいいことはいわずもがなです。

一方で、自分が得意な分野を明確にして、ギブ・アンド・テイクで分業を成功させることも必要です。

たとえば、私は人前で話すのは緊張もしないし、得意なほうだと思っています。人前で話すときはむしろワクワクします。しかし、緻密《ちみつ》な分析をしたり、MBA的な図表を描いたりするのはあまり得意ではありません（Excel ビジネスの責任者ではありますが……）。

「これをやるから、あれやって」の協働は重要です。これは、現地のメンバーを巻き込む必要があるグローバルビジネスにおいても同様です。

一度、自分自身のスキルの棚卸しをしてみてください。また、他者のスキルもしっかり吟味《ぎんみ》すべきです。そのうえで、ｗｉｎ－ｗｉｎの協働関係を構築してほしいと思います。

協働で成果が出た場合は、お互いを讃《たた》えて褒め合いましょう。そして、その成果と感謝の気持ちを、周りに積極的に伝えましょう。

マイクロソフトでは、「Kudos」という社内ツールがあり、お礼の言葉を記して送ると、本人とその上司に連絡が届きます。また、「Yammer」という社内ＳＮＳを使って、プロジェクトの成果と達成方法、関わったメンバーの貢献を全社に知らしめることができます。「Yammer」の投稿から選考される表彰制度もあります。

こういった感謝の連鎖は、チーム間の結束を強めるだけでなく、企業として部門を超えたコラボレーションを推奨《すいしょう》することになります。人を巻き込む能力を身につけ、それを企業が推奨し、お互いが認め合いながら精神的に充実感を得る――これこそが成果につながり、企業の成長にもつながる協働システムです。

また、ポジティブで優秀な人材が活躍すると、よい影響を受ける社員が増えます。優秀な社員のスキルややり方を真似することで成長できますから、この無償の学びの持つパワーをもっと活用すべきでしょう。

私自身も、入社当時の日本人上司に多くを学びました。プレゼンテーションやデモンストレーションのスキルが卓越していて、この上司の言い回しや聴衆の取り込み方、事前準備のこだわりに大きな影響を受けました。

日本マイクロソフトでは、年に一度、全社員を集めた総会（キックオフ・イベント）があるのですが、これも貴重な機会になっています。社外でも著名な社員プレゼンターが社内で競演し、その場で高い評価を得ることは社員としての誇りです。そういった刺激し合う関係が社内に生まれれば、組織全体の活性化にもつながります。

なぜ、日本マイクロソフトは変革に舵を切ったか？

ここまで個人としての「アチーブモア」の「モダンワークスタイル」について話してきました。それを下支えするものが「外円」、すなわち、企業が用意する人事、評価制度や環境サプライなどです。個人の「内円」と企業の「外円」とが相互作用することによって、より大きな成果が生み出せるのです。

具体的にいえば、日本マイクロソフトの評価制度は、上司と決めたコミットメント（約束事）に対する成果と紐《ひも》づいています。従業員は、そのコミットメントを達成することで評価され、より大きな自由と責任が与えられるようになります。その結果、個人の「内円」、すなわち、自分自身でコントロールできる領域も確実に広がっていきます。

私と日本マイクロソフトの関係でいえば、品川オフィスに出社して、8時間座って仕事をしなくても、外出先や自宅で同じように、もしくはそれ以上の「アチーブモア」の成果を残すことができる仕組みになっているから、企業としての利益も増えていくことになります。

その企業が、真にビジネスを成長させたいと考えているのであれば、そのようにして社員を「アチーブモア」に導く「ワークスタイル変革」に取り組み、労務制度や評価制度を変えるべきです。そうすれば、企業間でもポジティブな連鎖が起こり、ゆくゆくは日本経済そのものも成長していくことでしょう。

先に人事労務制度を整備するのではなく、活躍する社員がより活躍できるようにするにはどうしたらよいか、ビジネスの成長を支える社員を評価するにはどうすればよいかを熟慮し、その実現手段のひとつとして人事労務制度を考えるべきです。

日本の会社には難しい、と思った人もいるかもしれません。

講演会などで日本マイクロソフトの「ワークスタイル変革」の話をさせていただいても、よく、「マイクロソフトさんは外資系企業だから」という指摘を受けます。

たしかに日本マイクロソフトは、外資系企業です。しかし、働く人は日本人が多数を占める日本の会社です。実は、かつてはある意味で「コテコテの日本企業」で、「ワークスタイル変革」に着手するまでは、本当にさまざまな課題を抱えていました。アメリカ本社からも、ワークスタイルの見直しについて何度も指摘されていたものの、「日本はアメリカとは違う」と言い続けて、マインドチェンジができないままでいたのです。実際に、テレワークに反対する役員もいました。

そんな中、２０１１年2月に、分散していたオフィスを品川の新オフィスに統合したことを契機に、本格的な「ワークスタイル変革」に着手しました。これが、企業文化を大きく変えるきっかけになったのです。

日本マイクロソフトがどのような課題に直面し、どう乗り越えてきたか、ここからはその歩みについて振り返ります。これを読めば、ほかの日本企業にだってできないはずがない、と理解いただけることと思います。

２０１１年に「ワークスタイル変革」に着手するまで、日本マイクロソフトは問題だらけでした（左図参照）。労働生産性は上がらない、コスト効率は低い、女性離職率が高いなど、企業として非常に危うい状況に追い込まれていたのです。

日本マイクロソフトが直面した課題

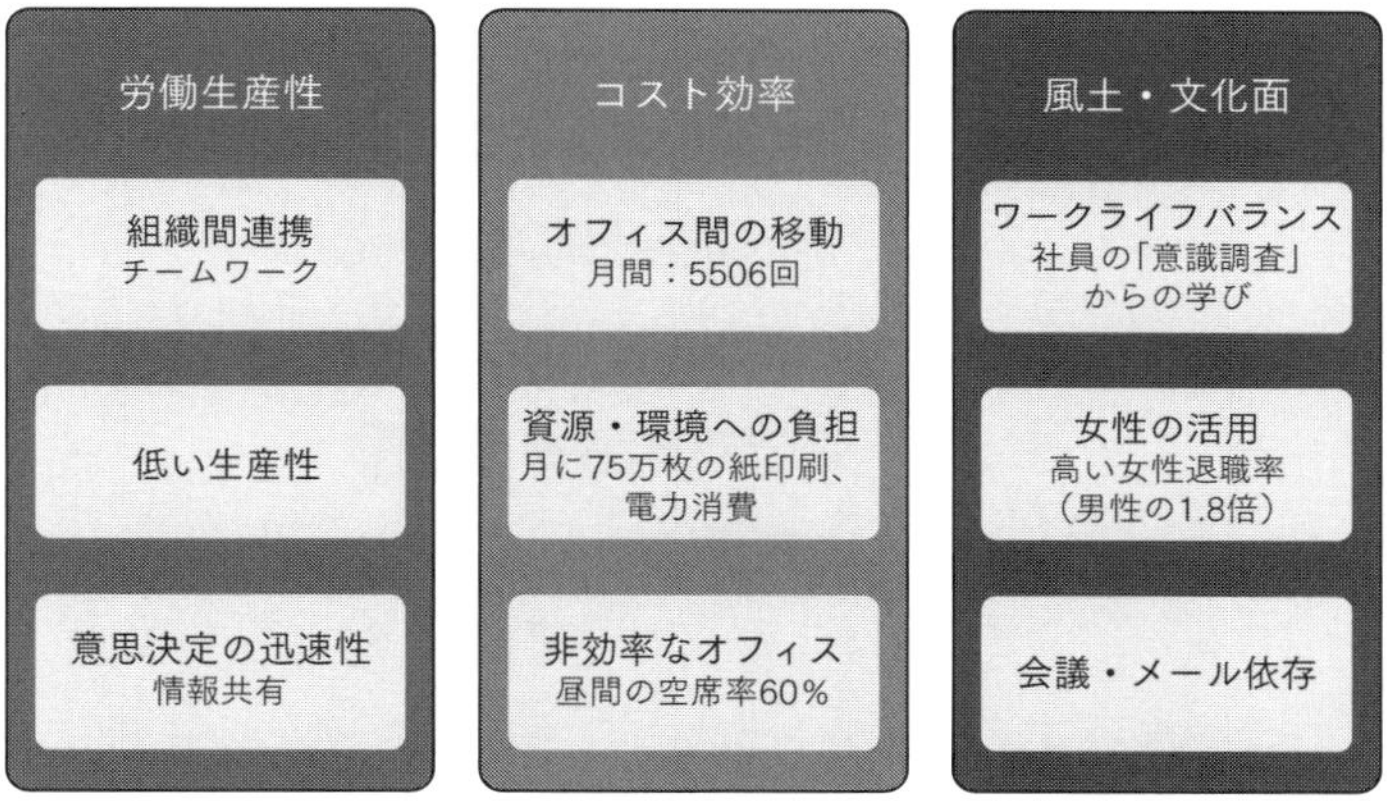

そうした状況に危機感を覚えた経営陣は、本気で「ワークスタイル変革」に取り組もうとしました。ただし、単にＩＣＴ（情報通信技術）を入れて終わりではありません。「なぜワークスタイル変革をするのか？」という企業としてのビジョンを社員が理解しなければ変革は進まない、と考えました。

「ワークスタイル変革」を実行するにあたって、従業員のマインド、労働環境、人事制度など、変革を阻害するさまざまな要因が次々立ちはだかりました。

次頁の図は、２０１５年のテレワーク週間に賛同法人企業各社にご協力いただいた意識調査結果です。変革に着手した当時の日本マイクロソフトも、やはり同じような問題が次々噴出しました。

ワークスタイル変革を阻害する要因

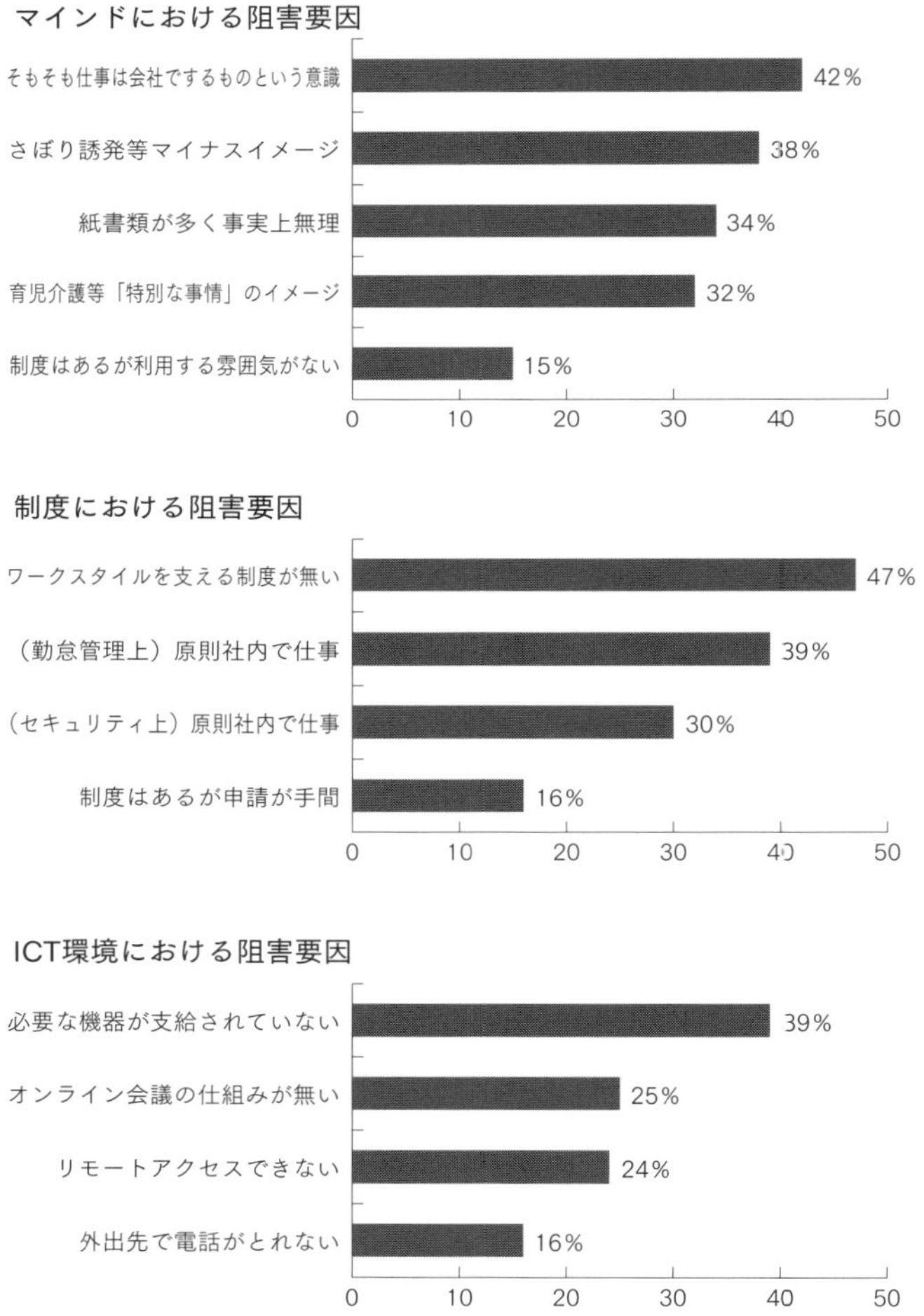

テレワーク週間2015　賛同法人企業様　意識調査結果より

ワークスタイル変革推進の成果

・社員個人：達成感・働きがいを感じる、労働時間の短縮→満足度向上

・会社：売上向上、経費節減、離職率改善、優秀な人材を雇用維持できる→優秀な社員を評価

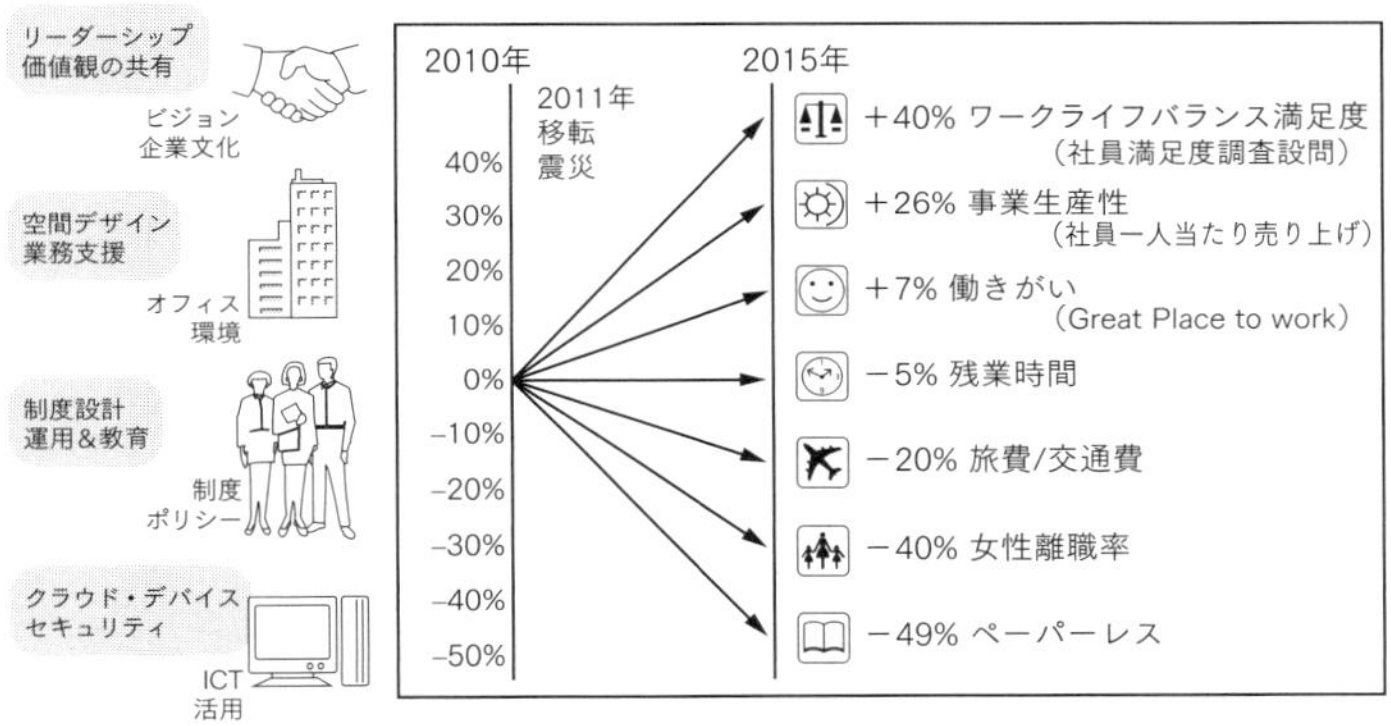

これらの「ワークスタイル変革」の阻害要因を、ひとつずつ潰《つぶ》していったのです。

「ここで立ち止まるわけにはいかない」

経営陣は本気でした。

まずはマネジメント層の意識改革に着手しました。そして、マネジメント層がみずから旗を振り、部門を横断して、若手社員を中心にタスクフォースをつくって、全社をあげて変革に取り組んだのです。そうしたプロセスを経て、経営陣だけでなく、すべての従業員がマインドチェンジをしていきました。徐々に、しかし着実に。このアナログ改革が重要なのです。

その後、ITツールを拡充し、働きやすい環境を整えたことで、企業としての機動

力は確実に上がりました。確実にビジネスの成長をもたらしているといえます。

その結果をまとめたのが前頁の図です。

リスクを解消するための評価制度

「ワークスタイル変革」を進めるにあたって、「テレワーク勤務制度」を取り入れることになりました。その際、いちばん気になったのは、社員が上司の見ていないところで怠《なま》けたり、サボったりしないだろうかということでした。現在、「働き方改革」を進めようとしている日本企業だけでなく、かつては日本マイクロソフトも同じ問題に直面したのです。

ところが、実際に「ワークスタイル変革」が実現されたいま、遅刻をしたり、無断欠勤をしたりといった、部下の勤怠を気にするようなことはまったくありません。

私がかつて日本企業に勤務していたときには、毎日朝礼があって、ラジオ体操第2までやっていました。始業時に席にいなければ、すぐ上司の目にとまって怒られたものです。もちろんそういう規律も、チームで仕事をするうえでは必要になる場面もあるとは思います。

しかし、自宅や外出先で働いていても問題なく成果を残すことができ、かつ、チームもしっかり機能するのであれば、時間や場所にとらわれる必要はなくなるでしょう。そこには遅刻もなければ、無断欠勤もありません。行うべき業務を遂行《すいこう》したかしないか、成果をあげたかあげていないか、ただそれだけです。

日本マイクロソフトでは、「テレワーク勤務制度」を採用してからというもの、日本企業によくあるような、始業時間にオフィスにいないからといって懲罰の対象になることはもうありません。コアタイムもないので、エンジニアなどの特定業務に就いている従業員以外は、業務遂行に適切な場所で、自由な時間に働くことができています。

もちろん、従業員には自分の仕事に対する責任がついて回ります。「どう成果を残すか」と考えたとき、モラルの問題は避けて通れません。そこに登場するのが「評価制度」です。

日本マイクロソフトの場合、年度初めに、チームのメンバーは上司に「今年度は、このような定量的、または定性的な結果を残します」と宣言し、四半期ごとに振り返りの場を設けています。それ以外にも、オンライン／オフライン問わず、2週間に1度、一対一のミーティングを実施しています。上司は、その都度、部下の業務の進捗状況や健康状態を確認しています。

確かに、オフィス以外で仕事をする社員の中には、モラル不足で、勤務時間内であるにもかかわらず、テレビの前で寝転んでいる輩《やから》がいるかもしれません。しかし、性悪説に立ってしまうと、自由と責任を与えることができなくなってしまいます。リスクがあっても性善説をとり、評価制度で確実に管理していくことのほうがフェアであり、企業の生産性という観点から見ても健康的ではないか——それが私たちの考えです。

社員の役割を考えたとき、そもそもテレビの前で寝転んでいても成果が出せるような仕事を与えることはないし、何もしなくて成果があがるような仕組みにはしていません。マイクロソフトでの個々人のゴール設定は絶妙で、頑張って、頑張って、ギリギリ届くか届かないかのところにゴールが設定されるので、怠けている余裕がないのです。上司も、工夫をすることで成果があがるような仕事を部下に割り振らなくてはいけないことになっています。

そして、サボらずに仕事をしているからといって、約束の期限までに終わらせることができなければ、当然評価は下がるし、毎日、夜11時まで残業をしていても、成果を出せなければ、評価されることもありません。「いかに長く働いたか」ではなく、「いかに成果が出せるか」という世界標準の価値基準によって評価されるからです。

現在、日本マイクロソフトでは、一部の従業員を除き、年俸制の裁量労働制になっています。もはや、かつてのような年功序列制度は存在しないので、年齢や勤務年数が考慮されることもありません。基本給に連動するジョブレベル、それに準じた評価給と成果給がすべてです。

そのために、レベルによる評価基準を「見える化」し、共通認識のもとに評価が行われます。また、評価される従業員に関わった他部門の長などのフィードバックや評価も参考にしながら、直属の上司と人事部が公平に査定しています。

勤務表以上に大切なもの

日本マイクロソフトにも、勤務時間制度（フレックスタイム制度）はあります。ただ、2016年5月にコアタイムを完全になくしましたから、何時から何時までは働いていなくてはいけないという制限はなくなりました。

また、前にも簡単に触れていますが、日本の法律に準拠し、勤務表を提出しなくてはいけないので、1ヵ月に1回、社内サイトにアクセスして、何時から何時まで働いたという勤務表を提出することになっています。労働時間の申告は性善説に基づいていますが、超過労働が一定量を超えると、上司に警告メールが届きます。警告メールが来ると、人事部を交えて労務衛生上の改善策を話し合うことになります。

ただ、勤務表による警告メールで、人事部を交えて改善策を話し合うことはあまり多くありません。定例の上司・部下の一対一の面談の場で、働き過ぎであるとか、働くうえでの悩みを聞き、面談を通してケアしていくことのほうが多いといえます。

やはり、面と向かったコミュニケーションは強力です。相手の悩みを引き出し（もしくは察知し）、腹を割って真剣な話し合いをすることができます。上司・部下のアライアンス（絆）を強めるだけでなく、「よりアチーブモアな働き方をしよう」というモチベーションの向上にもつながります。

こういったときには属人的な部分での対応が必要であり、企業文化を醸成し、「ビジネスを成長させる」というマインドを持たせたうえで、適切なインタラクション（相互作用）を定期的に行う必要があります。

すべての人を正のハイパフォーマーに

日本マイクロソフトでは、全社を挙げて「ワークスタイル変革」に取り組んだことで、「テレワーク勤務制度」が整備されました。私のように介護を必要とする家族のいる社員も、育児中の社員も、その結果、円滑に業務に取り組めていますし、確実に変革に取り組む以前より成果を出せているといえます。

たとえば、実際に「ワークスタイル変革」を推進することで、女性の離職率を40%改善することができたことは大きな成果です。

というと、テレワークなど、環境を整備したからと思われがちですが、実際にいちばん苦労したのは、社員のマインドを変えることでした。

一昔前までは、「企業の利益を生み出す社員を守る」という観点で、育児や介護など、働くうえでのハンディキャップがある社員を救うためにさまざまな制度がありました。それらは、見方によっては、働かなくても給料がもらえるし、働かなくても雇用が守られるという制度に映ってしまうものでした。育児や介護をしていない社員の中には、「不平等な制度」と捉えていた人もいたでしょう。

しかし、日本マイクロソフトが推し進めた「ワークスタイル変革」の最大の目的は、企業全体で「アチーブモア」して、成果をあげることでした。ハンディキャップのある人をどう救うかだけではなく、企業にとっても、社員にとっても、「アチーブモア」できる働き方を実現していくことが目的でした。それが成功のターニングポイントだったと思います。

実際に、「ワークスタイル変革」は、労働量の確保だけを目指すのではなく、労働の質、つまり全社員が活躍できるように働き方の質を高めることを目標としているのです。この本来の目標を常に意識していないと、成功には至りません。流行りの「働き方改革」として、制度を整えることばかり考えている企業は、失敗しています。

この2つは似て非なるものだと、私は再度、声を大にして言いたいと思います。

何かうまくいかない要因があったりして、それにいつまでも不平不満を言っているだけでは問題は解決されないですし、その不満を解消するために「働き方改革」をしていては、企業としての業績をあげるのは困難です。これからますます、難しいものとなっていくでしょう。すでに指摘してきたように、「福利厚生」的な発想による「働き方改革」は、企業にも個人にもプラスの効果をもたらさない、ということです。

これからは、「正《プラス》」を生み出す人がよりポジティブな状況で働けるように企業文化を変えていき、「負」といわれる人たちも含めたすべての社員を「正のハイパフォーマー」に変えていかなくてはなりません。「前に進みたい」「成長したい」「成果を出したい」「成功したい」というポジティブなエネルギー、そのプラスのエネルギーを思いっきり発揮《はっき》できる企業文化、企業制度をつくっていかなければならない、ということです。

真の女性活用を推進する柔軟なチーム

一方で、「育児中でも介護中でもない従業員が、自宅で仕事をして成果をあげることができるのか?」「そんな制度を利用する従業員がいるのか?」などという声も聞こえてきます。しかし、いつ、誰が、育児や介護の必要に迫《せま》られる状態になるかわかりませんし、東日本大震災(2011年)や熊本地震(2016年)を考えれば、私たちも明日突然、大きな自然災害に遭遇《そうぐう》することになっても不思議はありません。

だから、全社員がどのような状況に直面したとしても、柔軟な働き方ができる環境を整えておくことが「備え」としても必要ですし、結果として、それが育児や介護をしている従業員をも救うことになるのであれば、労働量の問題もおのずと解決できます。

日本マイクロソフトでは、すでに全社員が自宅で仕事ができる環境が整っています。年に数回、テスト的に全員が在宅勤務を試みています。また、介護や育児をする部下がいるマネージャーたちは、コミュニティをつくり、部下のサポート方法やそれぞれが抱える悩みなどを共有しています。それが功《こう》を奏《そう》し、いままでは、育児や介護をする人の比率が増えているにもかかわらず、以前より円滑にチームを運営できています。

そしていまや、育児や介護のために、時間や場所に制約がある働き方をしている従業員たちが、すでに周りのメンバーに負けず劣らず成果をあげるまでになっているのです。

なぜなら、そうした従業員は、人を巻き込むさまざまな知恵やコミュニケーション能力を駆《く》使《し》し、制約の中で最大限に想像力を働かせ、人とは違うアイデアを出し、素早く実行に移しているからです。その行動力はもっと評価されるべきです。

とくに女性ならではのアイデアや発想は、多くの場面でマーケティングに活かせるし、彼女たちの柔らかく、丁寧な対応が、よりよい営業成果を残しています。

そうした女性たちの離職を未然に防ぎ、何が起きても変わらず働き続け、かつ、その能力を発揮できるようにしていくことは、これからの企業のあり方を考えると非常に重要なことです。また、真の意味での女性活用にもつながっていくはずです。

ワークスタイル変革のリーダーとして

現在、とりわけＩＴ業界において、「いかに優秀な人材を採るか」という採用ゲームが繰り広げられています。

とはいえ、必ずしも、一昔前のように給料が高いだけで人が集まるというわけではありません。多くの場合、企業の競争力は人材で決まるので、優秀な人材を引き寄せられるかどうかは、企業側が従業員の働きやすい「アチーブモア」な環境、よりよい「外円」を用意できるかにかかっているといえます。

日本マイクロソフトは、「ワークスタイル変革のリーディングカンパニーを目指そう」と目標を定め、さまざまな変革に挑戦してきました。

そして、日本における多様な働き方の実現、および生産性の向上に寄与したことが功績として認められ、さまざまな賞を受賞しました。日本テレワーク協会「テレワーク推進賞」会長賞、「テレワーク推進企業等厚生労働大臣表彰（輝くテレワーク賞）」優秀賞など計8つのアワードを受賞しています。

かつてテレワークは、育児や介護によって阻《はば》まれる女性の社会進出をサポートする仕組みのひとつとして位置づけられていました。

しかし、いまテレワークは、限られた人の特定の場面を想定していません。すべての従業員が、それぞれの力をあますところなく発揮し、活躍できるようにする「モダンワークスタイル」

へと進化したのです。

また企業側は、コスト削減や営業効率の向上と共に、離職をストップし、優秀な人材を継続的に確保できるようになります。そうやって、両者共によい効果をもたらすことができるのです。


私が「働きたい」と思うのは、与えられた自由と責任の下に、自分でコントロールできる領域、「内円」を大きく広げることができ、成長をみずから実感できる場所です。そんな主体的な生き方が持続可能である環境が理想です。

２０１６年５月、日本マイクロソフトは、これまでの「在宅勤務制度」を見直し、新たに時間や場所の壁を超えた「テレワーク勤務制度」を導入しました。

社員は、利用日数、頻度の制限なく、日本国内の業務遂行に適切な場所であれば就業可能となりました。これまで以上に時間や場所にとらわれない働き方を実現することにより、さらなる業務効率、生産性、社員の働きがい、ワークライフバランスの向上を目指しています。

２０１６年９月には、平成28年度情報化促進貢献個人等表彰「総務大臣賞」を受賞しました。

この賞は、高度なＩＣＴ（情報通信技術）の研究・開発、人材育成、情報化の促進に先導的な

新たな「テレワーク勤務制度」

	従来の「在宅勤務制度」	新しい「テレワーク勤務制度」
勤務可能場所	自宅	日本国内で業務遂行に適切な場所（介護などのニーズに応え、実家などでの勤務可能に）
利用頻度	週3日まで取得可能	制限なし（最大週5日まで取得可能）
利用時間	3ヵ月以上の連続利用が前提	制限なし（短期も可）
利用単位	1日単位	1日の業務時間のうち必要なだけでも可
利用申請	2週間前までにツールで申請・承認	ツール申請・承認不要 前日までに上長に事前申請、勤務日、場所、勤務予定時間にメールで申請・承認

役割を果たしたり、顕著な成果をあげたりした、個人や企業などを表彰するものです。

日本マイクロソフトが、「ワークスタイル変革」先進企業として、日本における多様な働き方の啓蒙《けいもう》活動、社員が活躍できる環境づくり、そして実際に26％もの事業生産性の向上を実現したことが認められたのです。

私自身も、さまざまな経験をもとに、日本経済により大きなインパクトを残し、かつての日本が有していた国際競争力を取り戻せるように尽力していきたいと思っています。

おわりに

２０１６年８月にブラジルで開催されたリオデジャネイロオリンピックで、陸上男子４００メートルリレーにおいて、日本チームは体格や個の能力に勝るアメリカチームに勝利し、銀メダルに輝きました。私たち日本人は、コラボレーションを加速し、効率的な「バトンパス」ができれば、世界を舞台に「チーム日本」で十分戦える、その確信を深めました。

しかし、そもそも世界で勝とうとする意気込みや具体的な目標がなければ、日々の練習や苦しい作業を乗り越えられないし、実際に勝利を摑《つか》むこともないでしょう。

まず、意識を変えようではありませんか。そして、今日から行動を起こしましょう。明日の会議でも、明日の作業でも、ちょっとしたことで結果は変えられます。

世界に出ましょう、世界で勝てる働き方をしましょう。言語の問題だけではなく、実直に仕事をこなす能力を世界に輸出しましょう。

本書の執筆にあたって、協力してくれた日本マイクロソフトの社員のみなさん、ライターの田中さん、企画・編集に関わっていただいた講談社の村上さんに深く御礼申し上げます。また、私に活躍するためのステージを提供してくれた日本マイクロソフトに深く感謝しております。この貴重な経験をもとに、日本の経済成長、日本で働く方々がより幸せを感じることができるように、多くの方々に対して真のワークスタイル変革を訴求していきたいと思います。

最後になりますが、私がこれまでのビジネス人生の中で感銘を受けたリーダーの言霊《ことだま》（ことば）を紹介して、本書を締《し》めくくりたいと思います。これらを思い起こすたび、私は、これらの言葉に接した個々の場面を鮮明に思い起こすことができます。

究極のところでは、人間はそうやって人から直接得た学び、受けた刺激によって自分の中に変革が起きるのだと思います。

人はみんな「自分を生き切る」ために生まれてきた、私はそう思います。本書で紹介した「内円」と「外円」の距離が近い、自己コントロール度の高い働き方を実現できた人は、まさに自分を生き切った人だと思います。

目指すゴールは人それぞれ。ひとつとして同じものはないはずです。歩いた後に道はできる――この言葉を、同じ時代を生き、現場で苦闘するすべての仲間たちに贈り、筆をおきたいと思います。

【私の人生を動かした12の言霊】

1
不確実性というリスクを負えるかどうかでスピードが決まる

組織には必ず「不確実性」があり、そこから生じるリスクを正しく理解して、すぐに行動を移すことが必要だ、と言われました。

2
100％の情報より即座の実行

スピード重視という意味合いで、100％の情報が集まってから行動を起こすのではなく、70％程度の情報でいいからすぐに行動に移しなさい、と言われました。

3 顧客から逃げてはいけない

厳しいフィードバックをしてくれる顧客ほどわれわれを愛してくれている、こういう顧客から逃げることは自分からも逃げることになる、と諭されました。

4 人間力を上げなさい

部下を育てるときに、IQではなくEQを上げて、「この人のためなら」と言われる存在になりなさい、とアドバイスを受けました。

5　説明より提案をしてくれ

翌週の発表会に向けて、上級役員に事前ブリーフィングしていた際に言われた言葉。

6　どちらでも支援するよ

アメリカ本社の指示に対して、ＹｅｓかＮｏか判断を迷ったときに、上司に言われた言葉。上司への信頼感が高まりました。

7 メンバーの成功がリーダーの成功

外資では個人が成功しようと頑張ってしまうけれども、組織のリーダーとなった場合は部下の成功を支援する立場になりなさい、と上級役員に言われました。

8 健康が最高優先順位

ベンチャーで寝食を忘れて働いて体調を崩した際に、メンターに言われた言葉。

9 終わりを意識して目標を立てる

仕事することを目的とせず、ゴールから逆算してアクションとスケジュールを決めなさい、というメンターの言葉。

10 目標を意識して今日を過ごす

これは逆に、メンティに話した内容。日々成長したいという新卒社員への言葉。

11 成長することの楽しさを追う

毎日、毎週、成果や学びを振り返り、自分の成長を確認しながら働くことを楽しみなさい、とメンターから言われた言葉。

12 プロフェッショナルという危険な意識

労働時間が長くならないように、意識を変えなさい、と上司に言われた言葉。完璧を目指すと不要な長時間労働を生むということです。

協力　日本マイクロソフト株式会社
編集協力　米谷美恵
ブックデザイン　岩間良平（トリムデザイン）
帯写真　村田克己（講談社写真部）

越川慎司　こしかわ・しんじ

元日本マイクロソフト株式会社業務執行役員Officeビジネス責任者。国内通信会社、米系通信会社、ITベンチャーを経て、米マイクロソフトに入社。11年にわたり、製品の品質向上プロジェクトの責任者であるCQO（Chief Quality Officer）やOfficeビジネスの責任者を務める。1年間に地球を5～6周するほどの海外出張を行い、また国内では多数の講演などをこなしながら、時間と場所の制約を受けず、幸せを感じながら成果を残す働き方（モダンワークスタイル）を実践している。2017年に独立し株式会社クロスリバーを設立、週休3日で延べ500社以上の働き方改革を支援している。
http://cross-river.co.jp/

新《あたら》しい働《はたら》き方《かた》
幸《しあわ》せと成果《せいか》を両立《りょうりつ》する
「モダンワークスタイル」のすすめ

2016年11月29日　第1刷発行
2018年12月6日　第2刷発行

著　者　越川慎司《こしかわしんじ》

発行者　渡瀬昌彦
発行所　株式会社講談社
東京都文京区音羽2-12-21　〒112-8001
電話　編集03-5395-3522
販売03-5395-4415
業務03-5395-3615
印刷所　慶昌堂印刷株式会社
製本所　株式会社国宝社
本文図版　朝日メディアインターナショナル株式会社

ISBN978-4-06-220377-7